地域包括ケアと生活保障の再編

新しい「支え合い」システムを創る

宮本太郎 編著

明石書店

目次

第六章 [大門正彦]

座談会 [宮本太郎・猪飼周平・沼尾波子・堀田聰子]

序――地域包括ケアと生活保障

宮本太郎

今日、日本の地域は人口減少と高齢化という社会的転換、雇用の縮小・劣化や産業の衰滅といった経済的転換、財政危機に対応した行政の拠点化や自治体合併といった行政的転換という、相互に連携した大きな変化のさなかにある。日本の生活保障は、家族によるケア、男性稼ぎ主の雇用、そして補完的な公共サービスがつながることで成立していたが、そのいずれの部分も、もはや従来どおりに機能することは期待できなくなった。それゆえに生活危機がすすむ。こうした事態に対応して、地域社会の生活保障を再構築していくことは可能なのであろうか。

本書は、地域包括ケアのこれからという視点を共有しつつ、地域における生活保障の現状を分析し、そのゆくえを展望したものである。

なぜ地域包括ケアか。地域包括ケアということばは、地域の高齢化を起点として、医療、介護、住宅、生活支援の連携と新しい雇用機会の創出や、行政と多様なサービス供給主体の関係再編を構想しようとするものである。このような発想は、先に触れた社会的転換、経済的転換、行政的転換の交点に浮上するものである。逆にいえば、地域包括ケアという考え方には、この三つの転換をふまえて新しい生活保障を展望していくヒントがあるのではないか。

だが、ある程度事情に通じた読者は、地域包括ケアあるいは地域包括ケアシステムという言葉が、行政に近いところから繰り出されてきた言葉であるという印象を持っていて、そのような言葉を手がかりに地域社会を分析する意図を訝しがるかもしれない。

そのような印象は必ずしも的外れではない。本書の第一章や第三章、あるいは末尾の座談会でも強調されているように、この言葉は財政的な困難から介護保険制度の持続可能性が取りざたされるなかで浮上したものであり、法律にも書き込まれたものである。介護保険制度が目指した介護と医療の連携による在宅介護の実現という理念のみならず、財政的困難を、地域における共助や互助で少しでも補填しようとする発想も伴っている。

だが、いうまでもなく本書は、行政用語の解説を試みたものではない。この点もまた第一章や座談会において述べられているように、行政的な発想も帯びた理念を、そこに様々な矛盾があることを承知であえて引き受け、その最大限の可能性を模索しようとするものである。そこに貫かれるのは、行政の言葉をすべて真に受ける態度ではないが、かといって行政を市民と敵対するものと決めつけて突き放す態度でもない。

そもそも介護保険という制度が、家族にケア責任をおしつける日本型の生活保障が維持困難になるなかで、多様な市民組織と行政が連携して生み出したものであった。もちろんここにも様々な矛盾があった。そもそも介護保険を成立させた第二次橋本内閣は、一九九六年に小選挙区比例代表並立制によって選出された初めての政権であったが、この選挙は、自社さ政権と新進党が財政再建に向けた改革を競い合った選挙であった。介護保険制度は、このような政治的文脈のなかで、財政支出の抑制を求める財政構造改革法と同じタイミングで成立したのである。介護保険制度の出自に刻印された財政的制約により、やがてこの制度は当初打ち出された介護の社会化という理念からの離反傾向を示していく。二〇〇五年の改革では、介護予防の強化のなかで結果的に生活支援のサービスが抑制されることになり、家族がいる場合はその負担が増大し、単身の高齢者の生活維持が難しくなったのである。

そのようななかで地域包括ケアという考え方が打ち出され、家族という枠を越えて、地域のなかで生活支援や住宅などの資源を調達し、医療と介護の連携も強めつつ、制度の持続可能性を確保することを掲げた。ここでもまた、介護保険制度は制度の外部のリソースに依存するという展開になった。だが、このようないわば舞台の拡大によって、私たちは介護を地域社会全体の課題として議論することになった。そして、地域において欠落している制度や資源をはっきり確認することができるようになった。あるいは生活困窮者の支援や女性の就業といった、地域社会の他の課題といかにつなげるかを議論することも可能になった。制度や資源の組み合わせを様々に論じることで、狭い意味での高齢者ケアを超えて、地域の生活保障を編み直しに向かっていく契機とするのである。

本書の内容

こうした観点から本書は、地域包括ケアの実現とその改革をとおして、新しい生活保障を創り出す道筋を考えようとするものである。以下、本書の内容に簡潔に触れよう。

宮本執筆の第一章は、まず、今日の地域において進行しているのが、現役世代の生活困難、世代間の支え合いの困難、そして地域持続の困難の三位一体的展開であることを明らかにする。そして、地域の持続困難を乗り越えていくために、地域包括ケアに困窮者雇用や障害者福祉の仕組みを積極的に連携させていく、地域包括ケアの「包括」化が必要になっていると主張する。

今井照氏による第二章は、平成の大合併としてすすめられた自治体合併が、地域包括ケアをはじめとした公共サービスにいかなる影響をおよぼしたのかを、歴史を辿りながら、また東日本大震災との関わりに留意しながら、丁寧に論じていく。平成の大合併がつくりだした「大きな自治体」は、住民の安全と生命を守るという意味での「強い自治体」とはならず、むしろその点では力を弱めるというのが、今井論文が東日本大震災の経験もふまえて導き出す結論である。今井論文には、「強い地域包括ケア」のために求められる自治の規模と空間がいかなるものであるべきかについて重要な示唆がある。

井上信宏氏による第三章は、地域における高齢期の生活課題と、介護保険が提供するサービスにミスマッチが起きていることを指摘する。そして、こうしたなかで地域包括ケアが浮上しているが、現在の地域包括ケアの議論は、新しい社会的リスクに旧いシステムで解決を図ろうとしているのではないか、と疑念を表明する。井上論文は、こうした認識の上で、地域包括ケアの課題と理論を整理しつつ、地域においてこのシステムが満たすべき機能を「地域社会のネットワーク」「専門職のネットワーク」「ローカル・ガバナンス」の三分野で示し、地域の課題に答える地域包括ケアに接近する道筋を探る。

井上論文と同様に行政的な地域包括ケア論の制約と課題を示すという観点に立ちつつ、逆に行政の制度条件という側から問題を掘り下げたのが、沼尾波子氏による第四章である。沼尾論文は、行政の課題として、一方においては自治体による介護ニーズの把握と介護事業計画の策定機能が重視される。そして他方では、地域包括ケアの整備についての基軸的な機能を求められつつある地域包括センターが注目される。ここから、地域包括ケアをめぐって自治体が陥っているジレンマが明らかにされる。すなわち、地域包括支援センターを拠点に行政と事業者のネットワークが形成され、その都度ケースごとに必要なサービスを柔軟に提供しようと努力すると、事前の需要予測や介護事業計画からは必然的に離反してしまう。地域包括ケアが地域のニーズをすくい上げ解決するシステムになるためにも、地方行財政のシステムそのものの見直しが必要となっていることが示唆されている。

伊関友伸氏による第五章は、自治体病院の直面する危機という切り口から、地域包括ケアを構成する主要な柱である地域医療のこれからを展望する。伊関論文は、地域の医療崩壊を招いている医師不足問題などに抜本的に対処していくために、地域医療の機能再編は不可避であるとする。しかし、中核病院以外の医療機関が、単にダウンサイズされるのではなく、介護やリハビリと積極的に連携して地域の包括ケアに根づいたものとして再編されることが重要になる。同時にこうした再編にあたって、医療提供体制が弱い地域に多い自治体病院が、オーナー系病院にない特質を活かして、独自の役割を果たすべきというのが伊関論文の示唆するところである。

大門正彦氏による第六章は、地域包括ケアなどの地域戦略において、これから決定的に重要な役割を担っていく社会的企業の可能性を論じる。社会的企業とは、NPO、協同組合、ミッションを掲げる株式会社など、地域の多様な事業体を一括した呼称である。大門論文は、その類型などを整理しつつ、近年の社会的企業が、就労困難者の労働市場統合において大きな成果を挙げていることに注目する。実は、労働統合型の社会的企業は、第一章で課題としてあげた地域包括ケアの「包括」化に不可欠の存在である。たとえば、大門論文が事例としてあげている東京のNPO法人「ふるさとの会」や千葉の生活クラブ生協「風の村」は、高齢者の介護・生活支援サービスを提供する上で、同じ地域の就労困難者の雇用を実現し、地域包括ケアが困窮者自立支援の機能も統合して「包括化」することに資しているのである。

こうして本書の各章は、地域包括ケアが地域に定着し、発展しうる道筋を探るものであるが、本書の末尾の座談会では、さらにその先に、地域の人々がより自由に地域のケア目標を設定し、多様な生活目標を追求しうるシステムへと発展させていくビジョンが論じられている。

本座談会ではまず、第四章の執筆者でもある沼尾波子氏が最初のパートで地域包括ケアの形成と課題をまとめる。次に猪飼周平氏が、人々の多様な生活の持続をこそシステムの目標とする「生活モデル」の意義をふまえつつ、地域包括ケアが「生活モデル」を実現できる可能性を論じる。そして最後に堀田聰子氏が、オランダの社会支援法と地域看護士による社会的企業ビュートゾルフの経験から、地域包括ケアの理想と現実のギャップを埋めていく道筋について展望する。

第一章

地域社会をいかに支えるのか
——生活保障の再編と地域包括ケア

宮本太郎

一　地域社会の三つの困難

日本の地域社会においては、三つの次元の困難が相互に絡まり合いながら進行している。

第一に、「支える側」と目されてきた現役世代をめぐる困難である。従来の、国土の均一的な発展を志向する地域政策のもとで、地域には潤沢な公共事業予算や流通業などへの保護がなされ、現役世代の雇用が確保されていた。ところが、一九八〇年代の後半から地方の製造業の海外移転がすすむ一方で、とくに一九九〇年代の中盤からは公共事業予算も大きく減少した。さらには二〇〇〇年代に入ると、地方単独事業を支えてきた地方債償還への交付税措置も取りやめられるなど、土建自治体の制度的条件が覆されていった。

地方では、農業、製造業などに特化した地域を除けば、現役世代の雇用が停滞、劣化していく。有効求人倍率は、二〇〇九年以降は着実に上昇を続けており、さらに有効求人倍率は各企業の本社所在地に出された求人数が基礎となるために、地方の雇用状況はかなり改善されているという見方もある。しかし、正社員に限定した有効求人倍率は〇・六一に留まり、被災地を含めて地方では介護や医療にかかわる求人は増大しているが、生活を維持するに足る処遇になっていない。高校の新規卒業者に対する求人は、一九九二年には一六七万人あったが、二〇一三年では約二三万人となっている（厚生労働省「新規学卒者の職業紹介状況」平成二五年）。

とくに地方では、女性の就業機会が減り、また扶養能力のある男性も減少したことから、若い女性が転出し、とくに東京に向かう傾向がある。二〇一四年四月には、NHKの番組「おはよう日本」のなかで、「女性が消える社会」が取り上げられ反響を呼んだ。たとえば静岡県伊豆市では、二〇〇四年から二〇一三年までの一〇年間で二〇代から三〇代の女性が三割近く減少していること、流入先の東京では、低所得の女性の生活インフラとして、シェアハウスや昼夜のダブルワークが拡がっていることなどが報じられた。

第二に、世代間の支え合いをめぐる困難である。「支える側」と目されてきた現役世代が経済的に弱体化しているさなかに、高齢化が進行して「支えられる側」が数の上で増大する。生産年齢人口と高齢人口の絶対数が二〇一〇年には約三対一であったものが、二〇五〇年には一対一に接近するが、このことは「騎馬戦型」から「肩車型」への転換と呼ばれた。だが、現役世代の就労が困難となり、また就労できていても非正規雇用に留まっている場合は、現役世代の支える力は著しく制約される。肩車さえ覚つかないのである。

しかも、「支えられる側」とされる高齢者の生活様式が大きく変化する。単身で低所得の高齢者が増大している。国立社会保障・人口問題研究所の中位推計によれば、二〇三〇年には東京の六〇代の男性世帯主の世帯のうち三二％が単身世帯となる。同研究所の計算では、単身世帯の場合、医療や介護保険への支出を引いた後の推定年金可処分所得は、二〇二五年には男性単身世帯でも二〇〇九年の女性単身世帯の水準を下回ると言われる。

加えて高齢者のなかでも、七五歳以上の後期高齢者の増大である。二〇二五年には団塊の世代が七五歳に達し、二〇一三年に一五六〇万人であった後期高齢者は、一・四倍の二一七九万人となる。後期高齢者一人あたりの医療費は、平均で年間八九万円と、六五歳未満の五倍を超える（『朝日新聞』朝刊二〇一四年二月一三日）。さらに二〇二五年には認知症の高齢者も三二〇万人を超えると予想される。身よりがなく、低所得の上に認知症を患っている高齢者の生活を支えるということは簡単ではない。その「重さ」はいや増すことになろう。

第三に、支え合いの困難は地域の持続困難に連動する。高齢化の進展のなかで、中山間地を中心に過疎化がすすみ、多くの地域が持続困難になっていくという見通しは、今に始まったことではない。そのなかでも、日本創成会議が二〇一四年に発表したレポートは、二〇四〇年にはわが国の自治体のなかで消滅可能性が高まるものが半数近い八九六自治体に及ぶとして衝撃を拡げた（日本創成会議・人口減少問題検討分科会二〇一四）。このレポートの特徴は、消滅可能性の根拠として、二〇歳から三九歳までの女性の減少率に注目したことである。合計特殊出生率は、二〇一二年に一・四一と多少持ち直したと言われるなかで、地域の存続により決定的なのは、この係数が掛け合わされる女性の数である。

先に述べたように、現役世代の男女の生活困難が、女性の地方からの転出を拡げている。このレポートもまた、現役世代の女性の減少が東京圏への人口移動によって促進されていることを重視している。人口減少と高齢化は、都市と地方で跛行的にすすむ。従来、高齢化は地方でいち早く進行するというイメージが一般的であったが、実は後期高齢者は、今後は大都市部で急速に増大し、地方では絶対数においてはむしろ減少していく。埼玉や千葉では七五歳以上の高齢者の数は、二〇二五年までにほぼ倍増し、東京でも六〇％ほど増大する。それに対して、地方では後期高齢者数の伸びはしだいに鈍化していく。

この事実は、地方における女性の就業機会をさらに減少させる可能性が高い。これまで地方の雇用を支えてきた建設業の雇用は急速に減少し、それに代わって介護や医療における雇用が地域経済を支えることが期待されている。二〇〇二年からの一〇年間で、建設業人口は約一五〇万人減少したが、介護や医療で働く人口は約二二〇万人増大している。高齢化をテコとする雇用拡大は、新しい支え合いのシステムの可能性を開く。土建自治体からいわば保健自治体への転換である。にもかかわらず、地方では支えるべき高齢者の数そのものが減少していくのである。

こうして保健自治体の創出すら困難になると、地方から現役世代は流出し続けることになる。東京の一極化が進展すると同時に、東京においては流入した女性が子どもを産み育てる環境が整わず、出生率低下に拍車がかかる。

子どもを産むことができる女性数が絶対的に減少するということは、現役世代の生活保障の欠落を示しているが、このレポートはまさにその視点から地域の持続困難が危機的な状況に陥っていることを警告し、さらに東京一極化が少子高齢化をより深刻なかたちに拡げ深めていることを明らかにした。

現役世代の生活危機が、世代間の支え合いの困難に転じ、さらには地域の持続可能性を損ねている。こうして重層的に絡み合った地域社会の困難にどのような処方箋がありうるのであろうか。

先の日本創成会議のレポートの延長で、多くの自治体の消滅可能性が高まるなかで、すべての自治体を救うことが困難という判断を示し、一定規模の都市に拠点を据えて人口流出に歯止めをかける「反転・防衛線」を構築するべきという主張が拡がる（増田寛也・人口減少問題研究会 二〇一三）。たとえば、総務省は「地方中枢拠点都市圏構想」を提起しているが、これは人口二〇万人以上の政令指定都市、中核市にその「反転・防衛線」を据えて、周辺の市町村とのネットワーク化をすすめるというものである（辻 二〇一四）。従来の総務省の定住自立圏構想が、人口五万人程度の都市を軸に構想されていたことを考えると、「反転・防衛線」はさらに後退したことになる。

だが、いわば鉛筆をなめつつ「反転・防衛線」を引く作業に没頭する前に、人々が支え合うことを可能として、就業機会も増大させ、地域の持続可能性を高める施策にどこまで手が尽くされているかを検証する必要がありはしないか。この点こそ、本書がまず焦点を当てようとしている事柄に他ならない。

二　生活保障の新しいかたち

地域社会の直面する三つの困難に対して、新しい生活保障のかたちが求められる。そのかたちについて、まずやや理論的な水準で、支え合いのかたちの転換、生活アプローチ、連携型の自助・共助・公助、サービス供給の準市場という四つの視点から整理していこう。

（一）「支える側」「支えられる側」関係の転換

まずすすめられるべきは、これまでの「支える」「支えられる」という二分法からの脱却である。「支える側」の困難を起点とする地域社会の危機に対しては、まず「支える側」を支援する仕組みを構築することと、「支えられる側」をアクティブにすることを、併行しておこなうことが必要である。

「支える側」を支援するというのは、第一に、育児や介護など、これまで現役世代が携わってきた家族ケアを軽減する仕組みを拡げることであり、第二に、企業に正社員として籍を置いていなくとも知識や技能を高める機会を提供することであり、第三に、地域の多様なニーズに根ざして就業機会を拡大しつつ、その際に、短時間勤務など多様な働き方を可能とし、なおかつ単に労働時間が短いことで処遇に根本的な差別がないようにしていくことである。

「支える側」を支えるというのは、何か過剰な印象を与えるかもしれない。しかし、ここで想起するべきは、実はこれまでも「支える側」を支えてきた仕組みはあったということである。すなわち、日本的経営の長期的雇用慣行や、各種の業界保護、さらには家族賃金によって扶養される専業主婦の存在によって、「支える側」としての男性稼ぎ主は支えられてきたのである。とくに地方では「土建自治体」が「支える側」を支えるメカニズムの中心となってきた。

このような支えがあって初めて、「二四時間闘え」るような強い個人の装いが可能になった。「支える側」を支えてきたこうした仕組みが壊れた後で、別のかたちで「支える側」を支える必要がある。別のかたちで、というのは、企業や業界に強く依存しないかたちでということであり、さらに男性稼ぎ主に限定せずに老若男女を広く支えるということでもある。

同時に重要なことは、「支えられる側」がよりアクティブになるように、支援のかたちを変えていくことである。「支えられる側」の「重さ」を軽減するべく、これまでしばしば高齢者などにかかるコストを削減することが追求されてきた。小泉構造改革の際に、社会保障支出の自然増分を毎年二二〇〇億削減することを目標として、年金改革や医療改革がおこなわれたことがその例である。「重さ」を軽減する改革がすべて無用であるというのではない。しかし、より重要なことは、「支えられる側」の福利を向上させることが、結果的にコストの削減につながるかたちを考えることである。

後期高齢者の要介護度を下げることを目標として、本来必要な生活支援まで抑制するというのは本末転倒である。しかし、前期高齢者の生活が地域とのかかわりを深め健康でアクティブなものになることで、頻回受診が減り、また後期高齢期の生活の質が高まるならば、それは追求されてよい。

さらに生活困窮者の自立支援も、重要な課題である。現役世代の生活困難は、生活保護受給者のなかで高齢、障害、疾病世帯以外の、いわゆる「その他世帯」が増大する結果を招いている。「その他世帯」がすべて就労できるわけではないが、就労自立に至らない社会的自立の支援を含めて、困窮層の社会的包摂を強めることが重要になっている。二〇一三年一二月には生活困窮者自立支援法が成立し、二〇一五年からはすべての自治体で生活困窮者の自立相談支援事業や就労準備支援事業が開始される。

「支える側」を支えることと「支えられる側」をアクティブにしていくことは密接にかかわっている。「支えられる側」の働き方が、長時間にわたるストレスに満ちたものばかりであるならば、「支えられる側」が雇用をとおしてアクティブになり、「支える側」に回るというのはきわめて困難である。それを可能にするためにこそ、「支える側」の働き方が制度の支えを受けて、より多様で柔軟なものになることが重要なのである。

(二) 生活アプローチ

「支える側」を含めて支援するという場合、支援の目標はもはや「保護」や「治療」ではない。それは「支える側」が本来の力を発揮できるような、その生活の持続という方向に転換していく。社会保障や福祉の多様な分野をとおして、対人支援やサービス給付の「保護・治療アプローチ」から「生活アプローチ」への転換ともいうべき流れが拡がっているのは、偶然ではない。「生活アプローチ」とは、人々が地域社会において生活者として活動を続けることができるその条件を実現することである。たとえば次節で扱う地域包括ケアシステムが介護と医療の連携を目指す際に、医療の焦点が従来の病気治療、すなわち「キュア」から生活の「ケア」への転換が目指されるのはこのことにかかわる。高齢化にともない、複数の疾病を抱えつつも長期の老後を生きるために、病気を根治するというより、生活と様々な疾患との両立をいかに図るかが問われるようになる。

また、障害者福祉において、障害者の個人の属性に対して治療を施すという「医療モデル」から、社会的条件を整えることでその社会参加を実現する「社会モデル」への転換が説かれるのも同様の視点からである。たとえば、二〇一一年八月に改正された障害者基本法では、障害の定義として、「身体障害、知的障害、精神障害（発達障害を含む）その他心身の機能の障害がある者であって、障害および社会的障壁によって継続的に日常生活および社会生活に相当な制限を受ける状態にあるものをいう」とされた。

これは、障害者福祉の目的を当事者の「日常生活および社会生活」の継続に置き、そのための「社会的障壁」の除去によって支援をすすめるという考え方である。少なくとも理念の上では、当事者のノーマルな生活を成立させる責任を社会の側に見出した「ノーマライゼーション」の考え方が導入されたと言ってよい。今日では、障害と健常の境界線が揺らぎ、通常は健常と見なされる者も含めて、より多くの人々の社会参加を支援することが不可欠となっている。障害者福祉の理念転換は、こうした時代にふさわしいものである。

さらに、この「生活アプローチ」の浮上には、ソーシャルワークの理論からの貢献もあった。たとえば、人々をその生活の具体的なつながりのなかでとらえるエコロジカル（生態学的）なアプローチを提唱したカレル・ジャーメインらが、ソーシャルワークの「生活モデル」を掲げたことなどが挙げられる（ジャーメイン／ギッタメン、一九九二）。従来のソーシャルワークの「治療モデル」は、子どもや女性、高齢者、障害者を、生活の文脈から切り離して個別に、そのかつ病気を治療するように支援し、場合によっては家族関係の緊張を強めたり、解体を促進してしまうこともあった。これに対して「生活モデル」は、生活の生態学的条件を吟味して、家族や地域の具体的なつながりのなかで、当事者の生活力を高めることを目指すのである。

(三) 連携型の「自助・共助・公助」

生活保障の再編が論じられる場合、しばしば言及されるのが、自助・共助・公助という考え方である。二〇一三年八月にとりまとめられた社会保障制度改革国民会議の報告書でも、日本の社会保障制度の基本的な考え方として「自助・共助・公助の最適な組み合わせ」を挙げている。このように自助・共助・公助という考え方が強調されたのは、二〇一二年末の自民党政権への政権交代を一つの背景としている。自民党は、民主党政権期の二〇一〇年に、政権奪取の流れをつくるべき新綱領を定めたが、そこで「わが党の政策の基本的な考えは次による」として、「自助自立する個人を尊重し、その条件を整えるとともに、共助・公助する仕組を充実する」ことを打ち出した。ここから、この議論が生活保護改革をはじめとする社会保障改革における基本的フレームとして改めて浮上した。

ただし、自助・共助・公助と言ったとき、それぞれが具体的に意味するものについてははっきりした合意があるわけではない。とくに共助という場合、社会保険に加えて、NPOや協同組合などによる支え合いを意味する場合がある。たとえば内閣府が二〇一三年五月から開催した「共助社会づくり懇談会」における共助とは、「特定非営利活動法人、公益法人、企業等」を新たな主体とするものである（共助社会づくり懇談会「共助社会づくりの推進に向けて」）。こうした支え合いの関係のなかでも、身近な地域的つながりなどによるものを「互助」として区別する場合もある（「地域包括ケア研究会」報告書、二〇一三年三月）。また公助とは、端的に生活保護のような公的扶助に限定されて用いられる場合もあるが、より広く政府や自治体がおこなう所得保障やサービスを含む場合も多い。

しかしそれ以上に重要なのは、自助・共助・公助のそれぞれの関係についてである。これについては、その考え方には二つの系譜がある。一つは、「線引き型」ともいうべきもので、自助、共助、公助を切り離してとらえ、ここまでは自助、ここから先は共助というようにそれぞれの間にはっきり線を引く考え方である。これに対してもう一つは「連携型」ともいうべき考え方で、自助、共助、公助をそれぞれ連携しあうものとしてとらえ、自助を可能にするために共助、公助で支える、という関係を重視するものである。

自民党の新綱領に窺えるのは、「自助自立する個人」を出発点とする点で、明らかに「線引き型」である。また、社会保障制度改革国民会議報告書でもこの発想が強い。同会議報告書では、「国民の生活は、自らが働いて自らの生活を支え、自らの健康は自ら維持するという『自助』を基本と」することが強調され、これを共助、公助で補完するとしている。この考え方は、支えられることなく自立できる強い個人を出発点とする発想である。

これに対して、「連携型」とは、たとえば「自助の援助」をキーワードに発展してきたドイツなどの「自助運動」の系譜などに見出すことができる。自助運動とは、今日の社会で人々が直面する多様な生きにくさ、とくに従来の社会保障制度が直接にカバーしてこなかった、ドメスティック・バイオレンス、引きこもり、摂食障害など多様な問題群に対処していこうとする運動である。

こうした生きにくさを解決する方法は、当事者自身も容易に見つけることはできず、まして、当事者に代わって行政やＮＰＯが解決できるはずはない。したがって、当事者自らの意志と努力で、あるいは当事者同士の協力で、解決策を模索していくしかない。しかし、それは決して支援が不必要であることを意味しない。「自助の援助」、すなわち共助や公助で自助を支えることこそが求められるのである。

ドイツの自助運動を代表するベルリンのＳＥＫＩＳ（自助運動連絡・交流センター）では、センターが自助グループの結成を支え、活動の場を提供する。このセンターの共助の活動には、ベルリン市の公助の補助金が投入されている。しかし、同センターは自助グループがあくまで自分たちで問題の解決に接近することを重視して、専門家などをあらかじめ派遣することはしない。

現役世代の人々がどのように彼ら、彼女らの生活回復を実現できるかについて、決められた方法はなく、当事者すら模索を続けるしかない。そのような課題を担った生活保障には、こうした連携型の自助・共助・公助が重要なのである。

（四）サービス供給の準市場

さて、これまで「支える側」とされてきた現役世代も対象として、その生きがたさにつながる複雑に絡み合った多様な要因を解きほぐしながら、しかも単に人々を「保護」するのではなく、社会参加を続けることを支援しようとするならば、公共サービスのあり方そのものが刷新される必要がある。その方向を示す仕組みが、サービス供給体制としての準市場に他ならない。

ここで準市場とは、公的な資金を基礎としつつも、複数のサービス供給主体が競合し、利用者のサービス選択が可能になる体制である。準市場と言っても、利用者の料金支出に基づく市場とはまったく異なった仕組みである。

これからの地域支援においては、介護、医療、教育など、専門的で高コストのサービス供給においては、準市場の仕組みが求められていく。また現役世代の社会的包摂にかかわる支援サービスなどの領域においても、サービス選択が可能であることが重要になる。

サービスの選択が可能であることが重要なのは、現役世代であるか高齢世代であるかを問わず、社会参加を拡げるためにはどのような支援やサービスが必要であるかが、一義的に確定できないからである。これまでの「治療」や「保護」を目的としたサービスのように、専門家や公務員がニーズ決定をしても、問題解決にはつながらない場合が多い。

他方で当事者すらも、自らのニーズがいかなるものか、確定できないことがある。高齢であり、障害によって必要なサービスについての判断がいっそう困難になっている場合も多い。サービス選択といっても、この点が通常の市場における一般消費財の購入とは決定的に異なる点である。

したがって準市場においては、サービス利用者の選択をサポートし、その人権を保護する仕組みが不可欠の前提となる。その上で、当事者、サービス供給者、専門家、公務員などの間で熟議が起きることが重要になる。準市場を体系的に提起しているJ・ルグランが主張するように、通常の場合において当事者は、サービス供給者に対して自らのニーズに関して積極的に発言できないことが多い（ルグラン 二〇一〇）。このような場合、サービス供給主体を選択できる可能性があることが、社会参加を実現するサービスを探し当てる上で重要な条件となるのである。

さて、準市場におけるサービス供給については、いわば「純粋」なかたちでの導入というのは考えにくい。実際には、わが国における介護保険制度や保育制度に見られるように、自己負担分や営利的な市場サービスとの共存など、多様なかたちで導入されてきた。したがって、準市場がより市場志向型に接近する場合もあれば、本来の理念に近い包摂型の制度として発展していく場合もあろう。この点については、以下のような点が分岐点をかたちづくる。

第一に、財源の構成が大きな意味をもつ。財源をめぐっては、前述のとおり、まず公的な資金の比重が分岐を生む。公的な資金に対して利用料金や自己負担分が占める割合が大きければ、制度は市場志向型に近づく。

第二に、入札制度など委託決定の手続きが大きく影響する。民間事業体への社会サービスの委託が、あくまで公的財源の抑制のために導入されるとき、委託先決定の手続きとしては、民間営利企業の参入も認めつつコスト削減に主眼を置いた入札がおこなわれ、業績評価もまた費用効率重視が貫かれる傾向がある。これは市場志向型への接近と言えよう。これに対して、たとえば社会的包摂の実現の度合いのように、サービスの質のより総合的で長期的な評価がおこなわれ、あるいは当該事業体の労働者の労働条件について一定の基準が確保されるならば、包摂志向型への接近が可能になるであろう。

第三に、サービス供給主体の組織や構成である。財源の構成や委託手続きの設計は、株式会社や非営利セクターなど、社会サービス供給を担う主体の構成にも直結する。一般的に言えば、株式会社など営利的な事業体の比重が増せば、市場志向型に接近するということは言える。しかしながら今日、NPO、協同組合、社会的ミッションを掲げる株式会社の境界線がしだいにあいまいになっている。営利性を追求するためではなく、経営の柔軟性を維持するためにあえて株式会社という法人格を選択する事業体もあれば、社会福祉法人でも営利的なビジネスの隠れ蓑になっている場合もある。

ゆえに準市場には、サービス供給主体の法人格ではなく、その組織とサービスの質を客観的に評価し、準市場に参入する事業体が本来の意味での非営利性を強めるような仕掛けを埋め込むことが必要である。

三　手がかりとしての地域包括ケアシステム

（一）地域包括ケアというアイデア

前節では、生活保障再編の基本的な条件を述べたが、ここでは議論をもう少し具体的な水準に移していきたい。これからの地域の持続可能性を考える上で、一つの指標になるのが、「保健自治体」の成立の可否である。すなわち、当該地域において、これまで地域を支えてきた「土建自治体」に代わって、高齢化に対処する介護や医療が地域の雇用を支え、住民間のつながりをつくりだしていく「保健自治体」が実現するかどうか、という点である。消滅可能性自治体が取りざたされ、地域間の財政調整の見直しなどがすすむとしても、人々が支え合い、持続への取り組みがなされ、人口流出も抑制されている自治体は、その存続を要求することができると考えるべきである。

このような持続可能な「保健自治体」を構想する際に、近年の政策論議のなかで浮上していることばが「地域包括ケアシステム」である。地域包括ケアシステムとは、よく引かれる定義によれば、「ニーズに応じた住宅が提供されることを基本とした上で、生活上の安全・安心・健康を確保するために、医療や介護のみならず、福祉サービスを含めた様々な生活支援サービスが日常生活の場（日常生活圏域）で適切に提供できるような地域での体制」（地域包括ケア研究会報告書二〇一〇年三月）である。

この構想は、要介護になっても認知症になっても、住み慣れた地域で、適切な医療と介護、生活支援を受けながら、最後まで質の高い生活を維持できるという、それ自体は誰も否定できない目標を掲げる。そしてそのための方法が、介護、医療、住宅、生活支援、リハビリなどの連携であり、この点についても異議を唱える者は少ないであろう。

それゆえにこのことばは、二〇一四年六月に成立した地域医療・介護総合確保推進法の第二条にも書き込まれ、次のように定義された。すなわち「「地域包括ケアシステム」とは、地域の実情に応じて、高齢者が、可能な限り、住み慣れた地域でその有する能力に応じ自立した日常生活を営むことができるよう、医療、介護、介護予防（要介護状態若しくは要支援状態となることの予防又は要介護状態若しくは要支援状態の軽減若しくは悪化の防止をいう。）、住まいおよび自立した日常生活の支援が包括的に確保される体制をいう」。

ただし、この法律のもとですすめられようとしている介護保険制度の改正、とくにサービス利用者の一部負担増や要支援一・二の訪問、通所介護の地域支援事業への移行などをめぐっては、介護保険のサービス給付を抑制するためのものであるとする批判も多い。この点に、地域包括ケアシステムということばの固有の政治的・行政的文脈があるが、この点については改めて触れよう。

いずれにせよ、本書もまたこのことばを一つの手がかりとして、新しい生活保障システムを展望しようとしている。本書の立場はこの理念を称揚するのでもなく、あるいは現実との乖離をただあげつらうのでもない。行政が主導してこのことばが地域の新しい支え合いの仕組みとして掲げられていることの文脈を明らかにしながら、地域包括ケアシステムを今目指すことの可能性と問題性をともに示そうとしている。

このことばが浮上してきた経緯については、本書の井上論文、沼尾論文などに詳しいが、とくに介護保険制度との関連に焦点をあてると、介護保険導入以前から論じられていた構想が、介護保険導入後、制度が直面する困難を打開する趣旨で論じられるようになったという二つの段階が区別できる。

もともとこのことばは、広島県御調町（現尾道市みつぎ町）において一九七〇年代の半ばごろからおこなわれた取り組みから生まれた。すなわち、在宅ケア実現のために保健、介護、医療、福祉を連携させる取り組みである（山口 二〇一二）。ここでの取り組みは、公立みつぎ病院および保健福祉総合施設を軸にしたもので、その後、宮城県桶谷町、兵庫県五色町（現洲本市五色町）などで同様の取り組みが拡がった。しかし、一九九〇年代に入ってからの自治体の財政逼迫および介護保険制度のスタートのなかで、自治体や公立病院などを中核とした地域包括ケアの取り組みはその後拡がらずに終わった（森本 二〇一一）。

このことばが改めて取り上げられ、拡がったのは、介護保険改革の試行錯誤のなかでであった。とくに、二〇〇六年の介護保険見直しの基礎となった二〇〇三年の高齢者介護研究会報告書「二〇一五年の高齢者介護」のなかで、介護保険のサービスを中核としつつも保健、福祉、医療、ボランティアなどの連携で様々な資源を統合した包括的ケアを目指す、とされたことが大きかった。介護保険制度を支える地域包括ケアという考え方は、その後、地域包括ケア研究会の二〇〇九年の報告書「今後の検討のための論点整理」でも強調され、ここでは共助としての介護保険や医療保険が財政的に厳しさを増すなかで、「自助、互助、公助との適切な役割分担」をすすめることを打ち出した。その後、同研究会の二〇一〇年の報告書で定式化された地域包括ケアシステムの定義については先に紹介したとおりである。

(二) 地域包括ケアの可能性と課題

この地域包括ケアシステムの考え方について、客観的な視点からその可能性と問題点を整理しておこう。

第一に、この理念の形式上の適切さである。形式上の適切さとは回りくどい表現であるが、この理念には、前節で新しい生活保障制度に求められるとした制度の条件が、かなりの程度備わっている。「支える側」「支えられる側」という二分法を越えてアクティブな高齢者像を模索しつつ、また生活保障の保護・治療アプローチも否定して、高齢者などを生活者として支えるという生活アプローチが打ち出されている。

住み慣れた地域でまた在宅で暮らし続けることを目標とするという課題設定についても、これ自体は適切な課題設定である。ただし、猪飼周平が指摘するように、本来そのような効率性の低い場所でのケアを目指すことは「高価なヘルスケアシステム」になる。にもかかわらず、これが介護保険をめぐる財政問題への対処の一環として提起されていることは逆説的であり、これからますます依拠できなくなる家族介護などの資源に頼ろうとしているのではないかという疑念が生じる背景でもある。

さらに、介護、医療と並んで、住宅、生活支援などのシステム化を打ち出したのも発見的な意義があった。介護と医療を連携させても、その基礎となるべき居住や生活の基盤が、単独世帯化などで崩れてしまっているケースが多いからである。加えて、このシステムの形成は、自助、共助、互助、公助によるとされているが、この点では「線引き型」になるのか「連携型」になるのかが問われよう。

第二に、この理念の外部依存性である。先に引いた猪飼は、地域包括ケアシステムという考え方が、その目的において外部依存的であると指摘する。すなわち、システムの目的を「生活の質」に求める生活アプローチにおいて、あるべき生活の内容については個々の生活者が（生存権というより）自由権に基づいて自己決定するからである。

この点に加えて、この理念は、政府が各地に構築を呼びかけるシステムを構成する資源についても外部依存的である。本来、より高価なヘルスケアシステムになるはずの理念であるが、介護保険制度の財政的な困難という文脈で提起された仕組みであり、そこはＮＰＯなどの事業体を中心とした地域資源を動員することが予定されている。しかし、そのような地域資源が利用可能である地域は限られていて、かつてに比べると「新しい公共」を育成するイニシアティブなども限られてきている。

さらに重要な点は、このシステムの構想が、制度横断的に介護、医療、住宅、生活支援などを連携させていく調整力とコストという資源についても、外部依存していることである。広島県御調町から始まり、埼玉県和光市に至るまで、地域包括ケアのベストプラクティスとして紹介される地域では、医師、NPO活動家、公務員などのなかに、高い能力を備えたコーディネーターが存在していた。しかし、それはいずれの地域にも期待できる事柄ではない。政府の施策には、多職種協働による個別ケース検討をおこなう地域包括センターレベルの地域ケア会議、およびより総合的な政策調整をおこなう自治体レベルの地域ケア会議という仕掛けが含まれている。しかし、こうした制度の上で、自治体、医療、介護などの実質的な連携がどこまで実現するかは、未知数である。

とくに今度の介護保険制度の改正において、これまでの要支援一・二の訪問・通所介護を地域支援事業に移していくことが決められた。介護保険特別会計という財政枠組みは一緒でも、地域支援事業におけるサービス供給は、自治体がその裁量で設計していくことから、サービスの低下を懸念する声も強い。ここでも地域に有力な地域支援事業の担い手が存在することが期待されていて、そのような担い手を地域支援事業につなげる生活支援コーディネーターと呼ばれる役職も設定されるが、地域によってはその見通しが立たない場合も多い。

第三に、この理念の没地域性である。これまで述べてきたところからも、地域包括ケアシステムが、中山間地、地方都市、大都市、団地など、地域によってまったく違ったかたちをとることは明らかである。まして、第一節で述べたように、消滅可能性自治体がとりざたされ、それに対する対応として「地方中枢拠点都市圏構想」なども語られるなかで、人口減少がすすむ地方でこそシステム構築の展望が拓かれなければならない。

しかしながら、地域包括ケアシステムの外部依存性を考えると、システムを成り立たせる共助・互助型の非営利組織などは地方においては動員が難しい場合が多い。その一方で介護保険以前の地域包括ケアの初期事例のように、こうした地域で自治体や公立病院の主導でシステム形成がすすんだ場合もある。一般に、大都市よりも地方の規模の小さな自治体のほうが、システム形成に有利な社会関係資本、すなわち緊密な人間関係やネットワークが整っている場合が多いのである。

だが少なくとも、現在の議論の到達点では、こうした多様な地域の事情に応じて様々な地域包括ケアを設計していくことができる制度の枠組みは現れていない。

四　生活保障の再構築と地域包括ケア

それでは、生活保障の再構築を展望しつつ、地域包括ケアシステムの形成という課題はどのように取り組まれるべきなのであろうか。地域社会に焦点を当てた生活保障の再構築への展望は本書全体の主題であるが、ここでは地域包括ケアシステムを、望まれる生活保障の新しいかたちに近づけるための課題についてのみ述べておきたい。

第一に、地域包括ケアシステムの包括化である。ここで包括化とは、地域包括ケアを高齢者福祉の領域に限定せずに、生活困窮者支援、障害者福祉、子ども・子育て支援など、より多様な領域における政策課題とつなげていくことを意味する。そうすることで、地域包括ケアシステムの資源を広く活かしていくと同時に、他の政策領域における展開で、地域包括ケアシステムそのものの基盤を強化していくことを指す。折しも、地域包括ケアシステムの形成に向けた介護保険改革が施行される二〇一五年は、同時に生活困窮者支援のための生活困窮者自立支援法、子ども・子育て新制度が施行される年でもある。自治体によっては、この三つの新制度に個別に対応することで消耗している場合もある。しかし、三つの新制度は包括的に取り組まれるべきであろう。また、医療については、新たに導入された基金制度をいかに地域ごとの意向に沿って活用するかも問われる。

たとえば、生活困窮者支援との連携である。東京のNPO法人「自立支援センター・ふるさとの会」は、山谷や新宿を中心に、一二〇〇人以上の低所得高齢者に対して支援付き住宅を提供しているが、そこで高齢者と現役世代の生活困窮者の支援を同時に実現している。その方法の一つは、孤独死やゴミ屋敷問題などから高齢者に家を貸し出すことに躊躇することが多い家主に対して、同会が生活支援をおこなうことを約束した上で住宅を借り上げる、というものである。そして生活保護給付などからの高齢者の負担で、生活支援をおこなう現役世代を雇用するのである。同会はこのフレームで、二五〇人以上の雇用を実現しているが、そのうち一〇〇人近くは、雇用者自身が支援の対象でもある「ケア付き就労」であり、その多くが生活保護の受給者である。

このような支え合いのかたちを、地域包括ケアに組み込んでいくことは有効であろう。二〇一五年に施行される介護保険改革においては、従来の介護保険給付のなかで、要支援一と二の訪問介護・通所介護を、自治体の裁量のもとで地域支援事業に移していくことが決められている。地域支援事業には、介護保険の認定事業者以外の参入も奨励されるために、介護報酬が決められている訪問介護・通所介護以外のサービスを拡大して、介護保険の財政負担を減らす財政政策であるという批判も強い。しかし、他方においてこの枠組みで生活支援の雇用を大幅に拡大していくことも可能になる。地域包括ケアシステムの展開は、医療、介護部門の雇用を拡大することが期待されるが、併せて生活支援部門の雇用の拡大は、よりハードルが低い雇用でもある。

あるいは逆に、介護保険制度の枠組みではなく、生活困窮者自立支援法や障害者総合支援法の枠組みで、生活支援雇用を実現するかたちもありえよう。生活困窮者自立支援法においては、国の三分の二の補助で就労準備支援事業が展開されるし、障害者総合支援法における就労移行支援や就労継続支援Bの枠組みを使うことも考えられる。いずれにせよ、従来の要支援一・二の枠組みでは、たとえば同居家族のいる高齢者に対する生活支援給付が厳しく制限されていた。この点を考えると、地域包括ケアにおける生活支援に、地域支援事業、生活困窮者自立支援、障害者自立支援の諸制度を連結することで、高齢者のニーズも満たされるウィンウィンの関係を実現できる可能性も高い。

第二に、地域包括ケアシステムの構成要素を個別に強化していくことである。現在の流れでは、地域包括ケアシステムは、介護保険が財政的な困難を深めるなかでその救済手段として展開されつつある。地域包括ケアシステムの考え方が、単なる財政抑制策に転じたとき、その本来の可能性は決して発揮されることはないであろう。

本書もまた、打ち出の小槌のように公的な資金の投入が可能であるかの見方はしない。にもかかわらず、先に見た地域包括ケアシステムの形式的な適切性が現実の制度の妥当性に転化するためにも、地域包括ケアシステムの構成要素を個別に育てていくイニシアティブおよび財政措置が不可欠になっている。そのためにも、地域包括ケアの包括化のさらにその先で、広く雇用政策、まちづくり政策、住宅政策などとむすびつけていく必要がある。

具体的には介護保険制度が準市場の仕組みとして発展するような支援であり、準市場の理念と反する自己負担の増大については、総合合算制度のような負担軽減措置で対応することも議論されてきたはずである。また、国土交通省なども協調して、多様な高齢者向け住宅の制度をつくりだしていくことも必要である。さらには内閣府などがおこなってきた、社会的企業の立ち上げ支援の制度も改めて強化される必要がある。

狭義の地域包括ケア関連以外の財源投入で、その個別の要素の強化が可能になる。他方でそれぞれの制度や政策は、地域包括ケアというかたちで相互に連携することで、本来の機能を発揮できる。いずれにせよ、地域包括ケアシステムは、狭義の厚生労働行政を越えた、地域政策のフィールドとして再設定される必要がある。

第三に、地域包括ケアシステムの地域化である。ここで地域化とは、地域包括ケアシステムを構築できる条件を、それぞれの地域の条件に応じて保障していくことを指す。

地域包括ケアシステムで注目を集める地域には、人口二万人以下の小さな自治体も多い。北海道当別町では、就労継続支援Ｂ型の事業所など、障害者福祉の制度も融合しつつ、高齢者も参加し就労できるサロンや農園をつくり、これを地域で支えるかたちを構築してきた。鹿児島県肝付町は、高齢化率一〇〇％近い僻地集落を含むが、ＩＣＴも活用した集落間の見守りの仕組みをつくっている。いずれも、日本創成会議のリストにある消滅可能性自治体であるが、地域の人々がこのように自主的に支え合いのシステムを作り出し地域持続への意志を表明している地域には、その持続可能性を高める措置がなされるべきであろう。

地域包括ケアシステムをまちづくりのテコとする構想も提示されている。複数の医療法人や社会福祉法人を包括する非営利ホールディングカンパニー型の法人制度をつくり、医療機関相互の、あるいは介護と医療の間の連携を強化しつつ、こうした法人のまちづくりへの参加を促進するという構想である。こうした法人が軸になったコンパクトシティ化がすすむことで、地域の持続可能性が高まる場合も生まれてくるであろう。

さらに地域包括ケアシステムの形成は、これからの人々のライフサイクルや老後設計にも深くかかわることになろう。地方において質の高い地域包括ケアシステムが構築されると、大都市の住民が老後に地方でそのようなサービスを利用することも可能になる。東京を中心として大都市に後期高齢者が集中し、高価なケアサービスを奪い合うことになることを考えると、人生の早いステージで、生活を都市と地方に分散していく「半定住」「二地域居住」は有力な選択肢になるのである。もちろん現状では、こうしたライフプランは多くの生活者にとっては現実味の乏しいものである。こうしたライフプランを可能にする政策的支援がいかに設計されるかも問われる。

五　むすびにかえて

本章は、地域社会が直面する三つの次元の相互に連関した困難をふまえつつ、地域包括ケアシステムという考え方を手がかりとして、これに地域支援の様々な施策を肉付けしていく方向で生活保障の再編を展望した。

もちろん地域包括ケアシステムは入り口の一つにすぎない。子ども・子育て支援、障害者支援、生活困窮者自立支援、住宅政策など、多様な切り口から生活保障の刷新が追求されるべきである。ただし、いかなる入り口から入ろうとも、地域を包括的に支えるという視点で考えるならば、諸政策領域と制度はすべて深くつながりあっている。あるいはつなげることで個々の政策の課題が達成されることになる。

今自治体には、各分野の制度改革の課題が次々に投げかけられている。こうした制度改革を能動的に受け止め、そのあるべきかたちについて積極的に問題提起をしていくためにも、諸政策を埋め込んでいく包括的フレームの構築が求められている。

〔文献〕

猪飼周平（二〇一一）「地域包括ケアの社会理論への課題――健康概念の転換期におけるヘルスケア政策」『社会政策』第二巻第三号
ジャーメイン、C.・ギッタメン、A.（一九九二）「治療モデルから生活モデルへ」小島蓉子編訳『エコロジカルソーシャルワーク――カレル・ジャーメイン名論文集』学苑社
辻琢也（二〇一四）「自治体間で争っている場合ではない――全国の中枢拠点都市に集中投資せよ」『中央公論』二〇一四年七月号
日本創成会議・人口減少問題検討分科会（二〇一四）「成長を続ける二一世紀のために――ストップ少子化・地方元気戦略」
増田寛也・人口減少問題研究会（二〇一三）「戦慄のシミュレーション――二〇四〇年、地方消滅。「極点社会」が到来する」『中央公論』二〇一三年一二月号

宮本太郎（二〇一三）「福祉国家転換と『新しい公共』――脱商品化・脱家族化・脱集権化のガバナンス」『社会政策』第五巻第一号
森本佳樹（二〇一一）「地域福祉と『地域包括ケア』」太田貞司・森本佳樹編著『地域包括ケアシステム　その考え方と課題』光生館
山口昇（二〇一二）「地域包括ケアのスタートと展開」高橋紘士編『地域包括ケアシステム』オーム社
ルグラン、J．（二〇一〇）（後房雄訳）『準市場――もう一つの見えざる手　選択と競争による公共サービス』法律文化社

第二章

「関係の自治体」の再建に向けて
——東日本大震災と市町村合併の経験から

今井　照

一　自治の原点、自治体の本質

（一）新しい社会システムと基礎的自治体

一般的に新しい社会システムを考える際には、政府セクターに対して企業セクターや市民セクターをバランスよく展開することが目指される。しかしこのことは単に政府セクターの規模を縮減したり機能を制約したりすることと同じではない。政府セクターのあり方そのものも新しい社会システムにあわせて再構築することが期待されている。

政府セクターのなかでもとくに地域社会や市民生活に直接的なインパクトを与える存在は、その最小単位としての基礎的自治体である。基礎的自治体は「行政機構」としてばかりか、民主主義上の「政治機構」として地域の合意形成や意思決定の最小単位にもなっている（政治的共同体）。新しい社会システムのもとにおける地域包括ケアを構想する前提として、政府セクターとしての基礎的自治体の果たす役割や限界についてあらかじめ整理し、自治の原点や自治体の本質といった視点から再構築の方向性を示しておくのが本章の目的である。

ただしこのことは必ずしも簡単なことではない。日本で近代的な地方自治制度が確立した明治以降に限ってみても、基礎的自治体の性格や様相は幾多の変遷を経てきた。近年で言えば、二〇〇五年をピークとする市町村合併（いわゆる「平成の大合併」）は、基礎的自治体の外形を変化させることを通じて、内在的な性格や資質をも変化させたのではないかと思われる。基礎的自治体における行政機構や政治機構の意味は刻々と変わりつつあり、したがって地域社会の再生や市民生活の安定に資する機能も変化しつつある。

本章では、新しい社会システムにおける基礎的自治体の役割と再構築について考察するために、平成の大合併によって基礎的自治体が被った質的変化をふまえ、二〇一一年の東日本大震災と東京電力福島第一原子力発電所が引き起こした災害の事例に即しながらポスト三・一一の新しい自治体像を提起したい。

結論をあらかじめ示しておくと、第一に東日本大震災と原発災害において多くの地域で基礎的自治体は市民の生命と安全を守るという最低限で最大の使命を果たした。もちろん決して十分だったわけではないが、もし基礎的自治体が機能していなければさらに被害は拡大していたであろう（今井 二〇一四）。たとえば、巨大津波に対しては一例を除き津波を被った学校にいた児童学生はすべて避難を完了して生命の危機が回避された（田中 二〇一三）。しかし自然現象が災害へと転化し、多数の被災者を生み出すポイントが社会的脆弱性にあるとすれば、平成の大合併は社会的脆弱性のひとつとして被害を拡大させる要因ともなった。これが第二の結論である。これらのことをふまえると新しい社会システムにおける地域包括ケアの保障をどのようなエリアや次元によって想定するかということについては、基礎的自治体の本源的役割を基盤としつつ、地域特性やケアの質によって重層的、多元的な制度構想が必要になる。一元性、総合性を志向する結果としての大規模化では多重的市民権を保障できないというのが第三の結論である。

（二） 規制と保護による自治の創出

日本の近代的地方自治制度においては、明治、昭和、平成の三回にわたり国家的な政府運動としての大規模な市町村合併がおこなわれた。この他にも、明治の大合併と昭和の大合併の間に郡制の廃止や戦時体制の構築にともなう市町村合併がおこなわれている。この結果、明治初期に八万余りあった市町村数はいまや一七〇〇余りにまで集約された。

しかしこのような教科書風の言い方は必ずしも市町村合併の本質を表現していない。明治の大合併は市制町村制という近代的な自治制度を確立するために実施されたものなので、八万余りあったという町村は制度上の自治体ではなく事実上の存在にすぎなかった。かつて、この過程はしばしば「自然村から行政村へ」という文脈で説明されてきた。だが最近の歴史研究ではこのような言い方は否定されつつある。近世においてすら自然村ということばがイメージさせるような牧歌的、自己完結的な農村共同体が存在していたわけではない。すでに近世の村は統治の一翼を担っており、政治的共同体と呼ぶのにふさわしい存在だった。

その最大の要因は年貢の単位が村にあったからである。藩は村に対して年貢を割り当てる（村請制）。村は割り当てられた年貢を村民で分担する。何らかのアクシデントがあって年貢を納められない村民がいたとすると、村は他の村民から融通するか融資をするなどして村全体の年貢を確保する（松沢 二〇一三）。このようなシステムは藩にとっても徴税の手間が省けるので便利がよかった。したがって村民にとって村とは、生活を守るための保護の単位であるとともに、年貢を課せられる規制の単位でもあった。村という政治的共同体は統治の単位であり、したがって村の内部には相互の縛り（「絆」）が存在し、そのことによって村としての自治も成熟していった。

一方、村とともに自治の単位であった「町」は都市部の区割りを指していたが、こちらも実質的にはその区割りに住む職能集団が年貢の単位であり、村請制と同じようなことがおこなわれていた。町もまた町民にとって規制と保護という二面性を抱えた政治的共同体であり、そこに自治を生み出した。町では、都市部における住民の流動性が高まるとともに職能集団の諸役で納められていた年貢が金銭で代えられるようになっていく。

明治維新政府は近代化と集権化を志向する。藩や村という中間団体の存在は統治の効率上望ましくない。そこで藩を解体し、さらに村を換骨奪胎しようとする。国家統治にとって都合のよい統合効果においては村の自治を尊重しつつ、包括的には村を国家行政機構の一端に繰り込んでいった。租税は村ではなくて個人に対して課すようにする。そこで課税対象としての個人を特定するために、戸籍法の制定等を通じて、個々人をそれぞれの土地とリンクさせて管理しようとした。こうした体制は様々な抵抗を生み出しながらも紆余曲折を経て成立した。

だが、土地とリンクさせて人を管理しようとする試みは、人が流動性を高めれば高めるほど複雑化していった。身分認証や出身地管理としての戸籍だけでは「国民」を管理できず、戸籍制度発足直後から実際の居住を確認する寄留制度が生まれ、後に寄留法の制定から、戦後の住民登録法、現在の住民基本台帳法を生み出していく。その一方戸籍制度は形骸化しつつも残存しているので、いまや世界的にもまれな戸籍と住所の二重管理体制が構築されるに至った。

つまり、近世の村は土地の区画ではなくて、人の集合体を意味していた。したがって干ばつや水害等の自然災害が起きて、その地が耕作困難に陥るなどの事情を生じると、村ごと場所を移動することがあった（「移動する村」）。その場合、土地が変わっても村の名前は変わらない。なぜなら村の名前は固有の土地を指すのではなく、村という人の集合体を指すからである。

こうして幕末には藩の飛び地が一般的になっていく。村が移動しても年貢を納めるべき藩は、旧来のままだからである。したがって、藩もまた土地の区画ではなくて、領主が住む城下町を中心とした複数の村から成る関係の概念といえる。近世は藩―村という関係の概念で統治が成立していた。このことを「関係の自治体」と名づけておく。土地の区画のほうは、陸奥国といったように「国」や「郡」で示される。廃藩置県というのは、単に藩を廃して県を置いたというのではなく、統治の構造を人の集合体である藩―村という関係から県―郡という土地の区画に再編したということが言える。明治維新政府が廃藩置県に際して最初にしなければならなかったのは、藩の飛び地の整理だったことからもそのことが分かる（荒木田 二〇〇七）。

（三）政治と行政の乖離――市町村合併の本質

二〇一一年三月一一日の東京電力福島第一原子力発電所による災害は現代に「移動する村」を出現させた。原発災害直後、双葉郡の八町村が自治体丸ごと避難を決断した。その後飯舘村が加わり、広野町と川内村の役場が帰還したが、二〇一四年一〇月現在でも七町村が役場を含めて全域避難を続けている（この他に、南相馬市、川俣町、川内村の一部地域が避難を続けている）。

もちろん、ここで近代的な統治構造に組み込まれた現在の市町村と近世の村とを混同させるわけにはいかない。しかしこれらの町村の推移と現在を見る限り、近世の「移動する村」が現代に出現したと感じることが多々ある。現に、広野町、川内村、葛尾村は明治以降合併を経験していない町村であり、その他の町村も平成の大合併を経験していない。

地縁的職能集団であり、またそのことが政治的共同体の基盤でもあった町村を国家行政制度上の町村に「飛躍」させたのが明治の大合併とも言える。フランスのコミューンやイギリスのパリッシュなど、海外ではきわめて小規模な基礎的自治体をもつ国があるが、これらは日本で言えば近世の町村がそのまま継続していると考えてもそれほど遠くはない。逆にいうと、このとき、日本においては地域自治組織であった町村が境界を引かれることによって、国家と同心円状化した行政制度上の町村に構成転換されたのである。明治の大合併の最大の本質はここにある。こうして行政機構になった町村は「行政効率」という側面から同心円の大きさを広げることによって、いつでも、どのようにでも合併されておかしくない存在となり、明治から現在に至るまで再編を繰り返してきた。

このような「近代化」は海外においてもみられる事例ではある。しかし、日本の地方自治制度の特徴は、本来国家行政が担うべき業務の多くを自治体が請け負っているところにある。自治体が国家行政の一翼を担うとすれば、全国のどの国土もいずれかの自治体に属していなければならない。こうして明治維新政府は人の集合体としての町村から国土を分割した地理的な区分としての町村へと「近代化」させることで地方自治制度を設計した。結果的に日本の基礎的な自治体は先進国の中では異常なほどに、大規模・超広域化したものとなった。

これ以降現在まで、自治制度は、集権対分権という構図を基本とする中央政府と自治体政府との綱引きの歴史をたどってきた。しかし分権の論理のなかには「自治のための分権」と「集権のための分権」が混在している。「集権のための分権」のひとつが同心円の輪を広げる市町村合併という国家的な政府運動なのである。

二　平成の大合併の終焉

（一）平成の大合併の錯誤

こうした歴史的文脈のなかで平成の大合併はどのように位置づけられるのか。すでに平成の大合併の経緯と結果についてては別稿で整理済みなので、ここでは結論だけをたどることとしたい（今井 二〇〇八；今井 二〇一三）。一言で言えば、平成の大合併には必然性も戦略性も見出せない。信じられないことだが、そもそも誰が推進主体なのかさえも明確ではない。結果の検証も様々なかたちで取り組まれているが、明確な「合併の成果」が打ち出されているわけではない。

必然性も戦略性も見出せないにもかかわらず、平成の大合併は統治機構（ガバメント＋ガバナンス）としての市町村の性格を大きく変化させた。なぜなら市町村合併はどんな場合にも広域化をもたらすからであり、とりわけこれまでの合併の積み重ねの上に立った平成の大合併では広域化の限度を超えた事例が多発したからである。

平成の大合併に際して総務省（旧自治省）が正面に掲げた論理は、分権を受け入れるためには市町村の規模を大きくしなければならないという「分権の受け皿」論だった。しかし「強い自治体」と「大きい自治体」との間には齟齬がある。「分権の受け皿」論が成り立つためには、市町村にとって広域化が自治の強化につながるという前提がなくてはならない。もちろん個別の事例をみれば、そういう部分もありえるかもしれないが、総体的にはもし同じ体制のままであれば、広域化すればするほど個別地域に対する自治体の統治能力が薄まるのは自明のことである。

むしろ平成の大合併に際し関係者が暗黙の了解としてきたのは、「分権の受け皿」というタテマエではなく、国や自治体財政の効率化であった。合併論議の渦中に全国各地の市町村長は「国の財政もたいへん、自治体の財政もたいへん、だから合併を受け入れてくれ」と市民への説得に回った。しかし冷静に考えれば分かるとおり、総面積や総人口が変わらない以上、行政サービスの総量は変わらず、広域化によって効率化されるのは、せいぜいのところ管理運営面の経費にすぎない。だが現実にはむしろ広域化によって管理運営面の非効率化が増進される可能性もある。現に、二〇一三年一一月二七日、全国二四一の合併市で構成される「合併算定替終了に伴う財政対策連絡協議会」は、合併後一〇年を経て、合併自治体の財政が急速に悪化することが予測されることから、国に対し財政支援に関する要望書を出している。

仮に財政上の効果があるとしてもそれは最大限に見積もって自治体財政全体の数%に留まる。たとえば、総務省の研究会報告書には「概ね合併後一〇年経過以降においては、人件費等の削減等により、年間一・八兆円の効率化が図られると推計」と書かれている（市町村の合併に関する研究会 二〇〇八）。年間一兆八〇〇〇億円という金額は多いようにみえるが、地方財政計画で言えば二%ほどである。しかもその二%の削減効果も、少なくとも地方交付税制度上は合併一〇年を経過しないと現れない。合併算定替という特例によって合併後一〇年間は合併前の基準で交付されるからである。

この二％という値は政策裁量や誤差の範囲にすぎない。その証拠に、平成の大合併後、国の財政も自治体の財政も財政拡張になっている。その変動幅は二％を大きく超えている。あれだけの資源が投入され、地域を痛めつけたにもかかわらず、結果として財政効果は出ていない。むしろ合併直前の財政規律破綻による財政指数の悪化の方が深刻となっており、合併後の個別自治体における財政運営の危機を招いている（二〇一四年度日本政治学会における著者の報告）。

平成の大合併における最大の錯誤は企業合併とのアナロジーである。とくに地域において最大の合併推進勢力であったＪＣ（青年会議所）などの地域財界は、企業合併における効率化を市町村合併にも適用可能であるかのように誤解をしていた節がある。しかし、企業合併による効率化の本質は、競争関係の低減にある。たとえば銀行が合併して隣り合った支店がひとつになるということは、競争関係を低減させることで企業の体質強化を図ることであって、銀行が広域化することではない。企業合併と市町村合併に共通するのは、それぞれの効率化のためには利用者や市民の犠牲というコストを要するという点だけである。

（二）平成の大合併の公的総括

二〇〇九年の政権交代を機に、政府による国家的な合併運動を一段落させるため、二〇一〇年三月、総務省は「『平成の合併』について」という総括文を出し、「各種アンケート等によれば、住民の反応としては、『合併して悪くなった』『合併して住民サービスが良くなったとは思わない』『良いとも悪いとも言えない』といった声が多く、『合併して良かった』という評価もあるが、相対的には合併に否定的評価がなされている」と書いている。担当府省の総務省でさえ、合併評価が否定的であることを率直に認めるに至った。

また、当時の原口総務相は、新聞のインタビューに答えて「大合併は中央で決めて、地方が受け入れるかたちだった。三位一体改革で地域の創富力が奪われ、その結果、雇用や社会全体が荒れた。上からの合併は地域主権の考え方にそぐわない。（略）今回の合併は私たちの理念とは大きく違う」「失敗だったと思う。（略）地域の伝統や文化・歴史の継承という点から見ても、大きな課題を日本中にばらまいた」と述べている（秋田魁新報社 二〇一〇）。

また市町村合併に向けて剛腕を発揮した野中廣務氏も「ところが私は今になって、やや、やりすぎたかなと思っているのです。後悔しています」「三位一体の改革など地方切り捨ての財政が進んだために、小さな市町村が自分たちだけでは生きていけない状態に追い込まれて、やむを得ず合併していくという姿にまでなってきた」「地方自治の本旨からずれているから恐ろしいのです」「これは失敗です」と語っている（野中 二〇〇六）。もちろん、合併を選択しなかった町村が多い全国町村会、全国町村議会議長会の総括文書では、合併への否定的評価であふれている（全国町村会 二〇〇八、二〇一〇：全国町村議会議長会 二〇〇九）。

こうして平成の大合併は、いまや唱道者すらも姿が見えなくなっている状況である。しかしながら、平成の大合併によって地域社会や市民生活が大きく変化したという事実は残っている。まさに原口総務相がいうように、地域社会や市民生活が荒れた状況になっている。このことを顕著に示すのが、東日本大震災と原発災害だった。

三　東日本大震災と自治体

(一) 社会的脆弱性としての震災

二〇一一年三月一一日、東日本大震災が発生し、主として津波によって二万人以上の犠牲者を生んだ。同時に東電福島第一原発の電源喪失により、広範囲にわたって放射能汚染が拡がった。震災後三年を経過しても、それまで住んでいた地域や家に住めない避難者が全国で二七万人おり、そのうち半数の一三万五〇〇〇人が福島県民となっている。福島県民の大部分は原発災害にともなう避難者であり、その他に、直接間接に放射能汚染にさらされている。その数は、東電が賠償対象として認めた人だけでも一五〇万人となる。

東日本大震災は、自然災害である地震・津波の災害と、人為的災害である原発災害との二つに区分される。この二つは、性質を異にするまったく別の災害といってもよい。地震や津波という自然現象は社会的脆弱性を突くことによって大規模な災害に転化する(田中二〇一三)。一方、原発災害は自然現象以前に、政策の結果としての原発立地があってこそ起きる人為的災害である。自然現象をゼロリスクにすることはできないが、原発災害をゼロリスクにすることは不可能ではない。政府や東京電力の対応が悪かったから人災になったわけではなく、社会的脆弱性そのものが要因になっているからこそ人災なのである。ただし、あえて両者の共通点を見出すとすれば、いずれも社会構造の脆弱性を露わにしたということであり、そのひとつに、平成の大合併による地域社会の脆弱化という要素が含まれている。

もちろん、震災被害から平成の大合併による影響を抜き出すという作業はきわめて困難であり、社会科学的に言えば必ずしも反復立証可能な根拠を明示化できるわけではない。したがって以下に示す事象は記述的にしか展開できないが、それでも「もし合併していなかったら」「もし合併していたら」という市民の声が無数に聞こえてきており、このことは震災被害と合併とが無縁ではないことを示していると思われる。

（二）広域化による自治機能の空洞化

一連の震災報道では、当初「南相馬市」「東松島市」「南三陸町」といった聞き慣れない市町村名が跋扈した。石巻市、気仙沼市、大船渡市、宮古市といった聞き慣れた名前も、以前の地域とは別物になっていた。小高町、唐桑町、田老町といった、これまでその歴史や地域づくりなどで知られていた地名が報道されることはなかった。このことが救援や支援の遅れにつながったと実証することは難しいが、実態としてそう考えてもおかしくない事象はみられた。

一市六町が二〇〇五年に合併した石巻市はほぼ東京二三区と同じ面積になった。震災直後から、合併前の旧雄勝町や旧牡鹿町での住民の孤立が報道されている。市長は会見で「旧六町の被災状況が伝わらず、指示もできなかった。中心部の被害も大きく、その対応に追われた」「本当に合併してよかったのかという意見も出ている」と発言している（『朝日新聞』二〇一一年五月三〇日）。

前述のように、市町村合併の外形的な最大の特徴は広域化することである。合併推進論は広域化の本質について必ずしも自覚的ではなかったが、デメリットについてはある程度は認識されていた。そこで、その緩和策が講じられることになる。

たとえば、一般的には合併前の役場が支所と位置付けられる。場合によっては地域自治区や合併特例区といった法定の地域自治組織が置かれることもある。このような旧町村に対する緩和策は昭和の大合併時にもとられたが、時間の経過とともに実質を失っていく。それは合併の「目的」が貫徹される過程と重なるため必然的である（今井・荒木田 二〇〇三）。つまりこれらは合併にともなう一時的な衝撃を和らげるためのソフトランディング対策であって、広域化のデメリットを本質的に回避するものではない。今回の合併においても、震災時にはすでに多くの合併市町村で地域自治区や合併特例区の空洞化が進んでいた。

一例を挙げると、原町市や鹿島町と合併して南相馬市の一部となった小高町では合併特例法上の地域自治区が設けられていた。地域自治区には一定の基金が配分され、その基金の使途は旧町村におかれた地域協議会がイニシアティブを発揮するなど、他の合併と比較しても旧町村の地域自治がそれなりに重視をされた。

ところがそのように配慮された地域自治区でさえも、いつのまにか区長が、旧町村出身の有力者から、単に市長によって任命され、人事異動で派遣される市役所職員に変わり、地域協議会での議論も低迷した。どのように議論しても南相馬市役所の一部であることが鮮明になってきたためである。こうして二〇〇九年度末には「地域自治区制度の形骸化が生じ始めている」と評価されるに至っている（大宅 二〇一〇）。

一般に役場が支所になれば職員数は激減する。職員は異動によって本庁からやってきた職員に順次置き換わっていく。土木関係の組織が本庁に統合されれば、関係車両や設備、資材も手薄になる。こうして役場から支所に転換することで、地域のコアとしての性格が変質する。合併推進論者にとっては、このことこそが合併を目指した理由になるのだから当然のことである。

（三）地域の孤立と支援の遅れ

今回の震災後において、合併してよかったと表明しているのは宮古市である。宮古市役所は津波に襲われたが、合併した内陸部の旧新里村と旧川井村の旧庁舎を拠点として支援活動が展開できたとする。しかしその宮古市でさえも「宮古市に合併された田老町は、合併前には一〇〇人弱の職員がいたが、今回、田老の避難所の運営に当たった職員は三〇人程度にすぎず、交代も応援もなかった。宮古市が、職員を中心部に集中させるため、本庁舎に全員集合・待機させられたためである。田老町出身の職員は『ある意味、ぼくは見放されたと思っている』と述べている」と記録されている（仁平二〇一二）。

また災害直後からの災害ボランティアの受け入れや被災者の支援にも影響を及ぼした。現在、災害時の災害ボランティアセンターは社会福祉法に基づいて設置された県や市町村の社会福祉協議会が立ち上げることになっている。災害ボランティアセンターでは、全国各地からのボランティアを受け入れながら、一方で被災地からのニーズを集約して、それぞれをマッチングさせることを任務としている。阪神・淡路大震災以降、災害ボランティアの役割がいかに重要かは社会的にも強く認識されてきたことは改めていうまでもない。

合併によって市町村の役場がその地域からなくなったということは、社会福祉協議会もなくなったことを意味する。全国の社会福祉協議会数は市町村合併にともない激減している。災害時、中心部にのみ災害ボランティアセンターが立ち上げられることになれば、中心部以外の旧町村部で支援を必要としている市民のニーズが把握しにくくなる。仮に十分なボランティアが集まってきたとしても、それを必要としているところに振り分けることができなくなる。今回の震災では、一部の災害ボランティアセンターでボランティアの受け入れの制限や見合わせをおこなわざるを得なかった。社会福祉協議会のスタッフ自身も被災したという事情もあるが、市町村合併によって広域化した社会福祉協議会の構造的問題もひとつの大きな要因である。もちろん、孤立地域の発生や救援の遅れが平成の大合併によってのみ引き起こされたと普遍化することは難しい。だが少なくとも、明治以降の基礎的自治体の広域化の積み重ねによってもたらされた現象であることはまちがいない。

東日本大震災に際して、基礎的自治体の行政機能が損壊したという言辞が定説のように流布されている。確かに、津波で庁舎がまるごと被災した映像をみると、直感的にそのように思われてもしかたないところがある。しかし、大部分の被災地域にとって、真実は全く逆である。被災地域にとって機能していなかったのは国や県の行政であり、機能していたのは市町村の行政と病院などの社会的インフラや人々の間での互助だけだった。

なぜこのような誤解が生じるのかと言えば、基本的に中央と被災地との間に情報の断絶があったからである。中央目線で言えば、被災地が見えず、被災地目線で言えば中央が見えない。したがって、基礎的自治体の行政機能が損壊したという言辞は、あくまでも中央目線にすぎない。

少なくとも私が見聞した福島県内の市町村は基本的な情報が欠落している中にあって、口コミレベルの情報を寄せ集め、国や県が出していた避難指示等を超える避難体制を地域で構築している。しかも、避難がしにくい市民たちを優先しながら町ぐるみの避難を実現させている。もちろん、すべてがうまくいっているわけではないし、自治体ごとに濃淡の差はあるが、それでも基礎的自治体としての政府の役割を果たしたと評価されてよいだろう。

ところが震災を契機に一層の市町村合併と道州制を狙う人たちもいる。震災から約二週間後の三月三〇日には「菅政権は三〇日、東日本大震災で被災した市町村の合併を促進する特別立法の検討に入った」と報道された（『朝日新聞』二〇一一年三月三〇日夕刊）。また、識者のなかには「打撃を受けた市町村を合併させ、強い財政基盤を持つ自治体を作れば、日本社会を中央集権から分権型にするチャンスになる」と書いている人もいる（竹中・船橋二〇一一）。震災地域からみれば、これらの動きはますます社会的脆弱性を増進させる無謀な主張のようにみえる。

四　生命と安全を守る自治体の創出

（一）防潮堤問題をめぐる病理

震災や原発災害直後の緊急期における基礎的自治体の果たした役割は住民の生命と安全を守るという最低限で最大のミッションであった。ただし、広域化によって個別の地域に対する基礎的自治体の機能が低下していたところでは地域孤立などの深刻な問題を引き起こしているところもあった。やがて緊急期をすぎて復興の議論に入ると、多くのところで住民の前に「自治体の壁」が再びそびえたつようになる。国―自治体関係に拘束される「平時」がやってきたからである。

とりわけ津波被災地における巨大防潮堤やそれに伴う高台移転問題はその象徴となった。がれきの処理、行方不明者の捜索、大量の避難者の生活維持など緊急課題が地域に山積している最中に、国土交通省は岩手、宮城の津波被災地にいち早くコンサルタントを派遣し、自治体の復興計画作りを先導する。二〇一一年六月には東北三県に対して防潮堤に関する通知が出され、これをもとに各県で防潮堤計画が作成されている。各地で「生命と財産を守るため」と称して一〇メートルから一五メートル程度の巨大な防潮堤計画が策定される。

災害復興学会特別顧問の室﨑益輝（前関西学院大学）は東日本大震災の被災地に行くたびに、被災者の気持ちからかけ離れたかたちでの事業化が強引に進められようとしているようすをみて気持ちが暗くなるという（室﨑 二〇一二）。その原因について室﨑は「復興にかかわるまちづくりの専門家やコンサルタントの思い上がりや無知のなせる業だ」「今回は、多額の復興計画作成予算が計上されたこともあって、それに群がるように多数の専門家集団が被災地の行政機関に押し寄せる状況にある」と指摘する。これらの専門家は「被災者の声を聞くこともせず行政の言い分だけを聞いて、計画をつくっている」とする。

防潮堤計画最優先のロジックは防潮堤の高さが決まって陸地の土地利用計画が固まり、それをもとに土地のかさ上げ、区画整理、高台移転、内陸移転などが施行されるというもので、すべての復興が防潮堤の高さが決まらなければ動かないというものである。当初、五年間で一九兆円と見積もられた復興予算の大部分がほぼ一年間で国家予算化されてしまうという事態を受けて、被災自治体は予算争奪戦に参入せざるを得ない事情も加わり、机上の論理にすぎない巨大な防潮堤計画が進行していった。

しかし巨大な防潮堤計画は海とともに生活をしてきた人々の生活を守るものではなかった。二〇一二年初夏から始まった住民に対する説明会では各地で疑問が呈された。二〇一四年になってから一部の地域では防潮堤計画の見直しが始まっている。一方、住民合意が速やかに進んだところもあった。石巻市に合併した旧雄勝町では高台移転や内陸移転を前提とした巨大防潮堤の建設が住民合意されている。しかし、地区によっては震災前の九割の世帯が町を出ていくという選択をしている。逆に言えば、巨大な防潮堤ができるのであれば町を出ていく、町を出ていくから巨大な防潮堤に同意する、という住民意思の循環構図ができあがっているのである。この結果、この町ではほとんど人が住んでいない地域を巨大な防潮堤が守るという将来が待ち受けている。つまり「復興を急げ」という世論を背景とした政治側の意図が復興を遅らせ、復興とは縁遠い地域の将来を招来しようとしているのである。

なぜこのような逆転現象が起きてしまうのか。その要因は計画が先に国から降りてきていて、地域から形成されていないところにある。ではなぜそれを住民は受け入れてしまうのか。それはまず自治体が受け入れ、それを選択の余地のないものとして住民に提示するからである。このような流れは復興時に限らず、平時からの国―自治体、あるいは自治体―市民関係の病理として、繰り返し指摘されてきた(國分 二〇一三)。非常時は平時の病理を拡大し、増進させて表しているだけのことである。

（二）市民 対 自治体という構図を作る要因

一般的に言えば、政治は決定することであり、行政は執行することである。では政策開発や政策変更はどこでおこなわれるのか。理屈としては、決定の前段にあたるから、政治過程においてであるが、少なくとも日本の現実は理屈のとおりにはなっていない。国政においては、ほとんどの立法が閣法と呼ばれる行政機構からの提案に基づくものであり、自治体においても予算や条例のほとんどが首長側から提案される。すなわち、政策開発や政策変更の大部分が行政過程でおこなわれている。だからこそ、理屈に照らす識者は、国政については官僚機構に対する政治主導を唱え、自治体においては議会改革のひとつとして、議会や議員に政策立案能力を求める。

確かに、現実は行政過程に偏りすぎているが、必ずしも行政機構で政策開発や政策変更をおこなってはならないということではない。ただし、行政機構中心の政策立案で常に問題となるのは、第一に、行政機構からの提案は単一のものにならざるを得ず、第二に、政治過程（議会）に提案するまでもなく行政機構の内部で決定される事項が多い点にある。行政側は議会に対して複数の予算や条例案を提案することはできないし、そもそも多くの政策が、議会に提出するまでもなく役所の組織で決定されている。

自治体が政策開発や政策変更をしようとする場合に問題となるのは受益者の存在である。自治体の場合、政策の受益者は、一般に市民であることが多い。たとえば、説明会を開くと、壇上に近い側に役所の職員が並び、それに対面するかたちで市民が並ぶ。一方が「説明する側」で、一方が「説明される側」になる。質疑がおこなわれれば、一方が「質問する側」で、一方が「質問される側」になる。まるで自治体議会と同じように、かみ合わない議論（言い合い）が展開される。このように市民・対・自治体という構図がいったんできあがれば、あとは時間がすぎて収まるのを待つばかりとなる。このような関係がお互いにとって不幸であることは言うまでもない。

こうして市民や自治体議会議員が個々ばらばらに行政と対面すれば、多様な考えをもっている市民や議員側が共通して行政側に立ち向かう論理は「情報の透明性」とか「説明責任」といった抽象的概念に留まり、合意形成に向けた展望を見出せないまま永遠にそれを口で繰り返すことになってしまう。

これを回避するためには、市民や議員同士でも議論する場が必要になる。問題提起はどこからおこなわれてもよいが、閉塞状況を体感し、情報も集中しがちな行政機構が、口火を切る機会が多いだろう。タブーとするのは単一の提案である。市民に仕事を託されているのだから、行政職員がいちばん学んで考えるのはあたりまえだが、性急に答えを求めず、現状の資源を提示して論点をまとめる作業に集中すべきである。

もちろん、政策決定のためには、最終的に政策はひとつになる。しかし、それはベストな政策ではない。妥協の産物である。あしたになれば、あるいは場を移せば、よりベターな政策がありうるかもしれない。「これしかない」政策はない。かつて市町村合併の説明会で、市町村長はしばしば「避けて通れない道」と言っていたが、これは思考停止の論理に他ならない。

（三）総合行政主体論の意味変容

一方、自治体側には単一の提案をせざるを得ない事情も存在する。このことをクリアしない限り、単に議論の心構えだけでは乗り越えられない部分がある。この事情を規定していた国―自治体関係を改革するために、一九九〇年代後半に国政課題として分権改革が取り組まれた。分権改革は国とは相対的に独立して地域の決定権をもつ「強い自治体」を志向したが、ある局面から「大きい自治体」への志向に変化した。この変化を演出したのは「総合行政主体」というこ とばの意味変容にある。本来「強い自治体」を志向するための自治体論であった総合行政主体論の意味内容が転換され、「大きい自治体」を招く総合行政主体論に変容したからである。

地方自治法には「総合」ということばが数か所出てくるが、代表的なのは次の二つであった。①は一九九九年成立の分権一括法にともなう改正で盛り込まれ、②は一九六九年改正で加えられ二〇一一年改正で廃止された。

①　地方公共団体は、住民の福祉の増進を図ることを基本として、地域における行政を自主

的かつ総合的に実施する役割を広く担うものとする（第一条の二第一項）。
② 市町村は、その事務を処理するに当たつては、議会の議決を経てその地域における総合的かつ計画的な行政の運営を図るための基本構想を定め、これに即しておこなうようにしなければならない（改正前第二条第四項）。

逐条解説によれば、総合的とは「関連する行政の間の調和と調整を確保する」という意味（A）と「特定の行政における企画・立案、選択、調整、管理・執行などを一貫しておこなう」という意味（B）との両面があるという。

地方自治法に「総合的」という形容句が使われるのは旧自治省から総務省に至る中央府省の考え方と無縁ではない。たとえば、西尾勝は「自治体、なかんずく市町村は『地域総合行政の主体』であるべきだとする旧自治省以来の伝統的な思想」という（西尾 二〇〇八）。なぜなら、塩野宏がいうように「地方公共団体が総合行政主体であればあるほど、財政的にも、行政的にも国の関心の度合いが高まり、実施段階における国の介入を招く」からである（塩野 二〇〇四）。

中央府省のイデオロギーとしての「総合的」という概念は、逐条解説でいう後者（B）から出発する。しかし、そこに留まっていないのが近年の特徴である。むしろ「フルセット型」とも言うべき内容を「総合的」の概念に押し込んでいる（C）。つまり、特定の政策ばかりではなく、基本的な政策分野のすべてにおいて企画から執行までを一貫しておこなう（その結果、中央府省の「統制」を背景としつつ自治体の「自己責任」が強制される）という意味に転換されている。

その典型が「平成の大合併」であった。島田恵司や佐藤克廣は総合行政主体論が平成の大合併を進める「錦の御旗」「強い牽引力」になったと指摘する（島田 二〇〇三；佐藤 二〇〇七）。金井利之のことばを借りれば、分権改革は「『自主性』かつ『総合性』の妙味ある複合体」ではあるが、自治制度官庁は「『総合性』と衝突する『自主性』は許容しない」という強い「統制」の姿勢をみせたのである（金井 二〇〇七）。大森彌は「これが小規模町村の解消論と符合することは明らかである」と厳しく指摘している（大森 二〇〇八）。

これに対して市川喜崇は異論を唱えており、「問題は、総合行政主体論そのものではなく、それが筆者のいう市町村自己完結主義と結びつき、市町村に過度の負担を求めていることである」とする（市川 二〇一一）。市川の指す総合行政主体概念は前述のAとBのことであり、Cは「逸脱」ととらえられている。さらに市川は、平成の大合併は外在的な要因によって引き起こされたもので総合性路線の帰結ではないとする。確かに社会を動かす政治のパワーという観点からみれば市川の指摘と分析はそのとおりであり、総合行政主体論の変容（逸脱）は現実を後追いした作文にすぎないだろう。

市川の言う「都道府県の補完機能の極小化」という市町村総合行政主体論の本質は、平成の大合併ばかりではなく、一九九〇年代後半からの分権改革を貫く理念のひとつでもあった。もしそうであれば、地域包括ケアの単位エリアであり、また主体のひとつとしても考えられる基礎的自治体像はかつてのものではなくなっている。問題はすでにこのような意味変容を受けた基礎的自治体が平成の大合併後に厳然と各地に存在しているということであり、その脆弱性が東日本大震災と原発災害によって露わになったときに、これをどのような方向に再構築していくのかという点である。

（四）自治体の多重化による包括ケア

近年、地方分権を問い直す議論が起きている（『朝日新聞』二〇一四年三月七日〜八日）。そのロジックをみると地方分権の意義は地域の実態やニーズに即した政策を迅速におこなえるということであり、税源や財源を移行させ、できるだけ小さい自治体の方がよいが、そうなると逆にできることは限られてくるし自治体間の格差も拡がることになってしまうので、結局、一定の規模がなければ自治体はそもそも有効な政策をおこないにくいというものである。

また効率化論で言えば、本来、経済学では地方分権が進むと自治体間の競争が進み効率性が高まるといわれてきたが、どのような規模の自治体でも一定の固定費用がかかるために大きな自治体ほど住民一人あたりの費用は少なくなり、自治体の自由度を増すと義務教育や生活保護などのナショナルミニマムとの両立性が難しくなるとする。ここでも一定規模の自治体が想定される。こうして「強い自治体」という志向がいつのまにか「大きい自治体」への志向にすり替わっていく。

もしこれらのロジックを認めるとしたら、地方自治は本源的に二律背反（アンチノミー）を内包していることになる。つまり「大きい自治体」志向は限りなく自治体を国家の大きさに近づけていく。国政がある以上、単一の自治体を超える政策は必ず存在し、それを単一の自治体が「総合化」しようとすれば自治体が国家の規模に近づいていくのは自明のことだからである。その背景には補完機能としての広域自治体の存在を極小化させた上で、国家行政機能の末端を担う市町村＝総合行政主体という認識がある。地方自治が二律背反を内包しているのではなく、このロジックそのものが自治体をミニ国家化させるという自己矛盾を孕んでいるのである。

さらに二〇一三年末から唱えられるようになった「地方消滅」「自治体消滅」という論議にも、似たようなロジックが潜んでいる。人口減少社会が到来するのは確かだが、そのことと「地方消滅」「自治体消滅」とは何ら直接的な因果関係は存在しない。現に五千人や一万人の市町村はいくらでも存在し、五〇人や百人の集落もいくらでもある。大森彌は次のように指摘する。「人口が減少すればするほど市町村の存在価値が高まるから消滅など起こらない。起こるとすれば、自治体消滅という最悪の事態を措定したがゆえに、人びとの気持ちが萎えてしまい、そのすきに乗じて『撤退』を不可避だと思わせ、人為的に市町村を消滅させようとする動きが出てくる場合である」（大森 二〇一四）

この指摘を踏まえ、改めて「地方消滅」論を読み直すと次のような言葉を見出すことができる。「従来の『地方分権論』を越えた議論が必要である」「国の権限を地方自治体に移譲しさえすれば解決できるというものでもない」「グランドデザインをどう描くかは、優れて中央政府たる国が担うべきものであって、『国家戦略』なのである」「広域ブロック単位で『地方司令塔』となる組織を置くことも重要である」「地域経済ビジョンを共有して役割分担を行うことが各市町村の議会で決定された都市圏に対しては、各府省の政策資源を連携投入すべきである」（増田二〇一四）

これらの文章には「地方」や「自治体」を人為的に「消滅」させるという意図が明瞭に表れている。この延長上に「地方創生」という現在の政府戦略が位置づけられる。振り返ってみれば、前述したように「平成の大合併」こそが人為的に自治体を「消滅」させた嚆矢だったのではないかと思われる。

そこで結局自治体とは何かという議論に返っていくことになる。近世の村から説き起こしたように、自治体の本質とは人の集合体であり、政治的共同体そのものである。明治維新政府が境界を引くことによって、自治体は国家を中心として同心円に繰り込まれる。さらにその政治的機能は「諮問機関」として外部化された議会に放逐され、繰り返される市町村合併によって行政機能が前面化してきた。しかし東日本大震災や原発災害から学べるように、基礎的自治体の最大で最低限のミッションは市民の生命と安全を守ることである。基礎的自治体がその地域にとってどれだけ機能しているかどうかが市民の生命を直接的に左右する。

このように考えれば、基礎的自治体がどこにどのレベルで存立すべきかが明らかになる。市民の生命と安全を守れる範囲にしか基礎的自治体は存立しえない。人口の割に面積が広い地方部では小さい自治体だけが緊急時に市民の生命と安全を守ることができる。人口密度の高い都市部ではある程度の人口規模でも基礎的自治体は成り立つが、それでも上限はある。どんなに人口が密集している地域であろうとも、人口三〇万人を超えた場合、緊急時に自治体が市民の避難を誘導できるとはとうてい考えられない。

この基礎的自治体を基盤として幾層かの政治・行政体が成り立つ。そもそも広域自治体とはそういう概念である。人口規模が小さい地方部の自治体が国法によって一律に定められた行政執行の何から何までできるとは限らない。そのために基礎的自治体を補完する広域自治体が存在するのである。現在でも社会福祉事務所機能など、都道府県が基礎的自治体の一部の機能を補完している。

現在の日本の地方自治制度は二層制になっているが、必ずしもこれにこだわる必要はない。地域の特質や行政事務の性格によっては三層、四層という制度設計になっても憲法上、何ら問題はない。とりわけ地域包括ケアの担い手を考える場合には、こういう発想を持たないと観念論に陥る。基礎的自治体が総合的であるべきだという理念によって、本来の住民の生命と安全を守るという基礎的自治体のミッションを破壊してしまいかねないからである。

自治体を三層、四層といった制度設計にすると、二重行政という批判を招く。しかし二重行政批判を突き詰めれば、すべて国家行政がやるべきだということになってしまう。単一の意思決定こそ効率的という発想である。しかしそれこそが市場原理の極北に存在する考え方になる。日常的には市場原理を喧伝する人たちがなぜ二重行政批判に傾くのか。境界を引くことで成立する国家と境界を越えていく市場とは、本来逆立する関係にある。彼らは市場原理を信じているのではなく、単に自分の意のままに動く社会を志向しているからではないのか。

むしろグローバル社会は多重市民権を保障する社会を求める。国民国家で一元的に保障されていたシティズンシップ（市民性・市民権）はグローバル経済のもとで多重化せざるをえない。会社のオフィスで異国籍の社員が机を並べて仕事するのは日常的な風景になっている。地域でもそうである。災害でも福祉でも環境でも、国民国家単位だけではシティズンシップを発揮したり守ることはできない。

自治体、国家、国際機構というように垂直的に重層化するとともに、政府、企業、市民活動など水平的に多元化する。この網の目によって多重市民権が保障されるのであり、ひいては生命と安全が保障される。自治体も複層的に設計しなければ対応できなくなっているが、その最小単位は小さくて強い基礎的自治体である。これが「関係の自治体」を現代において再建する方途になる。平成の大合併と東日本大震災、原発災害の体験はこのことを確信させてくれている。

〔文献〕

秋田魁新報社（二〇一〇）『検証・あきた平成大合併――自治の行方』秋田魁新報社
荒木田岳（二〇〇七）「明治初年における地域支配の変容――旧藩の『飛び地』整理と『領域的な統治』の導入」『ヘスティアとクリオ』五号
市川喜崇（二〇一一）「市町村総合行政主体論と『平成の大合併』」寄本勝美・小原隆治編『新しい公共と自治の現場』コモンズ
今井照（二〇〇八）『「平成大合併」の政治学』公人社
今井照（二〇一三）「平成の大合併と地方自治」日本村落社会学会企画、佐藤康行編『【年報】村落社会研究四九　検証・平成の大合併と農山村』農文協
今井照（二〇一四）『自治体再建――原発避難と「移動する村」』筑摩書房
今井照・荒木田岳（二〇〇三）「市町村合併に伴う選挙区制度に関する研究（上）」『自治総研』通巻第二九一四号
大森彌（二〇〇八）「『平成の大合併』と基礎自治体のゆくえ」地方自治職員研修編集部編『合併自治体の生きる道』公職研
大森彌（二〇一四）「『自治体消滅』の罠」『町村週報』二八七九号（二〇一四年五月一九日号）
大宅宏幸（二〇一〇）「地域自治組織の実証研究――その課題と展望」宇都宮大学大学院国際学研究科修士論文
金井利之（二〇〇七）『自治制度』東京大学出版会
國分功一郎（二〇一三）『来るべき民主主義』幻冬舎

佐藤克廣（二〇〇七）「市町村合併の論理」『北海学園大学法学部四〇周年記念論文集　変容する世界と法律・政治・文化』ぎょうせい
塩野宏（二〇〇四）「地方自治の本旨に関する一考察」『自治研究』第八〇巻第一一号
市町村の合併に関する研究会（二〇〇八）『「平成の合併」の評価・検証・分析』
島田恵司（二〇〇三）「自治体再編と新たな自治制度」日本地方自治学会編『自治制度の再編戦略』敬文堂
全国町村会（二〇〇八）『「平成の合併」をめぐる実態と評価』
全国町村会（二〇一〇）『「平成の合併」の終わりと町村のこれから』
全国町村議議長会（二〇〇九）『大規模市町村合併後における基礎自治体のあり方と町村議会のあるべき姿』
竹中平蔵・船橋洋一（二〇一一）「大災害と複合連鎖危機」同編著『日本大災害の教訓』東洋経済新報社
田中重好（二〇一三）「東日本大震災を踏まえた防災パラダイム転換」『社会学評論』第六四巻第三号
西尾勝（二〇〇八）「四分五裂する地方分権改革の渦中にあって考える」『年報行政研究』四三号、ぎょうせい
仁平典宏（二〇一二）「〈災間〉の思考」赤坂憲雄・小熊英二編著『「辺境」から始まる――東京／東北論』明石書店
野中廣務（二〇〇六）「蜷川革新京都府政との対峙」『都市問題』第九七巻第一二号（二〇〇六年一二月号）

増田寛也編著（二〇一四）『地方消滅　東京一極集中が招く人口急減』中央公論新社
松沢裕作（二〇一三）『町村合併から生まれた日本近代』講談社
室﨑益輝（二〇一二）「まちづくり専門家の責任を問いかける」『FUKKOU』一九号
室﨑益輝・幸田雅治（二〇一三）『市町村合併による防災力空洞化』ミネルヴァ書房

第三章

生活保障システムの転換と地域包括ケア

井上信宏

一　問題の所在——新しい社会的リスクと地域包括ケアの焦点化

日本では、二〇〇五年の介護保険制度の見直しと二〇〇六年の医療制度改革を経て、来るべき高齢社会に向けた介護・医療サービスの供給体制として「地域包括ケアシステム」が焦点化されることになった。これまで政府によって進められてきた「社会保障と税の一体改革」のなかでも、改革の方向性として「医療と介護サービス保障の強化」が指摘されており、医療資源を高度急性期に集中的に投入して入院医療を強化する一方で在宅医療の充実を図り、どこに住んでいても、その人にとって適切な医療や介護サービスが受けられる社会の実現に向けた、地域包括ケアシステムの構築が喫緊の政策課題とされている[1]。

この背景には、日本の生活保障システムが直面している「新しい社会的リスク」がある。

一九九〇年代以降、企業や家族が持っていた生活保障機能は急激に脆弱になっている。グローバリゼーションによる雇用環境の激変のなかで非正規雇用が拡大し、企業の雇用保障を通じて維持されてきた所得とケアがこれまでのように期待できない状態になっている。高齢期の伸長と家族規模の縮小によって、家族の相互扶助は最低限のケアさえ維持できなくなりつつある。

企業の雇用保障と家族の相互扶助を制度維持の前提としてきた社会保障は、システムの前提条件が融解するなかでセーフティネットの機能を果たせない状態になって久しい。雇用労働者を射程とする社会保険を基礎として、それ以外の福祉サービスを選別的に提供してきた日本の福祉レジームは、高齢者を手厚く遇する特徴をもつため、若年層や勤労世代への支援がきわめて弱いという構造的課題をもっている[2]。そればかりか、こうした福祉レジームは、財政制約と相まって生活困窮に陥る人たちの自己責任と自立を強調し、結果として格差の拡大を助長する「逆機能」の様相を呈している[3]。

いま焦点化されている地域包括ケアシステムは、主に高齢者を対象とする医療・介護サービスの仕組みづくりで注目されるようになり、日本が二〇世紀の半ばから構築してきた社会保障システムのなかで模索されている生活支援のあり方である。そこでは、介護保険、医療保険の持続的な制度維持のために、〝団塊の世代〟が後期高齢者となる二〇二五年にむけた在宅支援の推進、医療と介護のサービス連携、地域資源の活用を促進するサービス供給システムの構築が目途とされている。

しかし、日常生活圏域をサービス供給の範域とする地域包括ケアシステムは、当該圏域の地域特性や社会資源のあり方に依存するため、完成されたシステム相関図がイメージとして示されるだけで、そこに至るまでのプロセスを「設計図」として一般化することは難しい。また、システムの構築が介護保険制度の見直しのなかで示されたため、分権化の推進とともに保険者である基礎自治体にシステム構築の責任が嫁されることになった。そのため、現場の担当者は「好事例」といわれる自治体や地域の取り組みの情報収集に乗り出すものの、地域特性や社会資源の相違からその移植は簡単にはいかない。こうしたなかで、財政の立て直しや社会保障改革と併せて、二〇二五年という近い未来の日本に向けて地域包括ケアシステムを構築することが求められているために、基礎自治体や支援の現場で混乱が生じているのが実情である[4]。

また、地域包括ケアシステムの導入過程は、福祉国家論が示す再商品化、再家族化、再集権化を強力に進める危険性を孕んでいる[5]。市場、ジェンダー、権力への依存度を高めることは、新しい社会的リスクからの脱却を困難にすることになりかねない。

現在焦点化されている地域包括ケアシステムは、新しい社会的リスクに対抗するための新しいレジームになりうるのか。なりうるとすれば、それはどのような条件を備えることが必要となるのか。

本論では、このような問題意識のなかで、地域包括ケアシステムをめぐる議論の整理と現場の取り組みの分析を通じて得られた知見をもとに、日本の生活保障システムのなかに地域包括ケアシステムを位置づけ、地域包括ケアを新しい社会システムの構成要件とするための条件を考える。

二　生活保障システムと高齢者介護

（一）生活保障システムを構成するレジーム

二〇世紀福祉国家における人々の生活は、雇用に直接かかわる制度、市場経済の安定を図る制度、人々の生活が営まれる場とそれを組織する慣習や制度、社会保障や福祉の制度を連携させた仕組みが機能しなければ成り立たなかった。人々の日常生活は、安定的な就労機会を有することで一定した賃金を継続的に得て、生活に必要な資材やサービスを市場から購入し、それを消費することで成り立っている。それを可能にするためには、経済環境を整えて雇用機会を創出し、最低賃金の保障や職場環境の整備をしながら、できる限り多くの人が安定的で良好な就労機会を得られるようにする必要がある。併せて生活に必要となる資材やサービスを安定して供給する仕組みや、それらを組み合わせて消費しながら生活を成立させるケアの環境が必要となる。そしてなんらかの理由で就労機会を逸した場合や就労できない状況に直面した場合には、その人が生活を継続できるだけの所得保障をおこなう必要がある。生活に必要な資材やサービスが不足する場合はそれを調達し、生活を構成しがたい場合には何らかの支援が必要となる。

このように、人々の生活を支える慣習や制度の束を「生活保障システム」と位置づけておく[6]。

生活保障システムは、持続的、安定的な生活の維持を保障することを目的とするが、もともとこうした機能を有していたのは家族や地域社会であった。しかし、市場経済の拡大は生活単位の極小化と個人化を進行し、家族や地域社会といった中間的な共同体の相互扶助機能は次第に弱くなっていった。

中間的な共同体に代わって、こうした生活保障機能を担うことになったのが「福祉国家」である。生活保障を実現するために福祉国家がとった戦略は、所得を安定的に得るための雇用保障とそれができない場合に支援する社会保険や社会サービス等の社会保障を制度化し、残存する家族や地域社会の相互扶助機能と組み合わせる方法であった。

福祉国家の類型論では、雇用保障を構成する慣習や制度を「雇用レジーム」、社会保険や社会サービス等を構成する制度を「福祉レジーム」と位置づける。雇用レジームは、「大企業の労使関係のみならず、中小零細企業の雇用を支える保護政策などの経済政策も含め」た概念であり、企業内労使関係や雇用保障をめぐる制度や慣習、雇用や労働市場に直接かかわる政策、そして、経済政策や産業政策の連携関係を示すものである。福祉レジームは、「社会保障や福祉サービスにかかわるいくつかの制度が組み合わされ、全体としてある特質をもつにいたった体制」を表す概念であり、公的な社会保障制度から私的保険などの民間サービス、企業内福利厚生、家族や地域社会などの中間的な共同体による相互扶助を組み合わせて成り立つ、諸制度や社会慣習の束である[7]。

雇用レジームと福祉レジームは、中間的な共同体に残存する相互扶助機能と補完しあいながら、それぞれの国や時代で異なる生活保障システムの型を構成することになる。

（二）日本の生活保障システム

二〇世紀福祉国家は、多くの先進国において、夫である男性を世帯の主たる家計維持者とし、妻である女性を家事育児担当者とする、ジェンダー関係に基づく近代家族を標準世帯とする生活保障システムを構築してきた。しかし、福祉国家の類型論が明らかにしたように、それぞれの国の社会状況によってジェンダー関係への依存度は大きく異なり、生活保障システムの型が差異化される。

日本の生活保障システムは、他の先進諸国と比較して強固なジェンダー関係に支えられた「男性稼ぎ主型」である[8]。男性が有償労働を担う企業と女性が無償労働を担う家族の組み合わせが社会保障の一部を肩代わりすることで、比較的安上がりな雇用レジームと福祉レジームの組み合わせを形成し得たことに特徴がある[9]。この背景には、日本が各国に先駆けて一九六〇年代はじめに国民皆保険・皆年金という福祉レジームを実現したものの、後発資本主義国という制約から経済成長が優先されることになり、サービスの充実化を含む福祉国家の推進が一九七〇年代までずれ込んだことがある。

しかし、経済成長の成果をもとに進められた一九七〇年代の福祉国家の推進でさえ限定的にならざるを得なかった。一九七三年の「福祉元年」には、老人医療費の無償化や健康保険加入者家族の保険料負担分の引き上げがおこなわれ、老齢年金支給額の大幅なアップが実現されたものの、同年末のオイルショックを契機とする経済成長の鈍化と財政危機のなかで、福祉の充実化にはブレーキがかけられることになった。日本の一九七〇年代は、もはや「福祉国家の黄金期」とされる経済成長と社会保障の昂進的発展を期待できる状態にはなかったのである[10]。

そうしたなかで展開された福祉レジームが「日本型福祉社会」であった。これは、家族や地域社会といった共同体の相互扶助機能を再評価し、福祉国家の推進ではなく小さな政府の実現を目指すものである。一九七九年の「新経済社会七カ年計画」において政府の政策課題とされ、オイルショックを経験した日本が「新たな経済的安全確保」のために目指すべき長期的な目標として示されることになった[11]。

日本型福祉社会は、大きな福祉国家ではなく小さな政府の実現を目指すものだが、その方法は、新自由主義的な市場分配機能へ依存するのではなく、「個人の自助努力と家庭や近隣・地域社会等の連帯」を基礎とするものであり、ジェンダー関係に基づく雇用レジームと家族の連携を強化することで福祉レジームを代替することが含意されていた[12]。こうしたジェンダー関係は、労働市場を「男性稼ぎ主」中心のレジームとして再編し、そこからはじき出された女性を非正規労働者として再包摂することで、家族的責任を女性の無償労働としたまま労働市場のフレクシビリティを確保するレジームを構築したのである。

日本型福祉社会は、一九八〇年代に推進された社会保障の制度改革のなかで「男性稼ぎ主型」の生活保障システムを強化することになり、「社会政策の大きなベクトルとしては、国家ではなく家族、とりわけ女性が、福祉の担い手であるべきことが強調され」たなかで一九九〇年代を迎えることになる[13]。

(三) ジェンダー分業に基づく在宅介護の推進

高齢者介護は、長く家族や親族による私的扶養によって担われてきたため、それらが社会問題視されることはなかった。一九六〇年代の「寝たきり老人」問題は、家族のなかに留めおかれた介護の過酷さをあからさまにすることになり、〝在宅福祉〟の充実が具体的な政策課題となるきっかけをつくった。これを契機に一九七〇年代から八〇年代には、それまで貧困層や低所得層に対象を絞り込んで提供されていた高齢者向けの在宅福祉サービスが、対象を拡大しながら充実化されることになる[14]。

一九九〇年代の福祉レジームの課題は、構造的な財政逼迫のなかで、高齢者の介護問題をいかに解決するかということであった。いわゆる五五年体制の終焉と少子高齢化の進展のなかで、老齢年金の支給開始年齢の繰り上げや社会福祉基礎構造改革など社会保障制度の構造改革が試みられた時期でもあった。そのなかでも、高齢化の進展と家族構成の変化にともなう介護ニーズの急増に対して、サービスの供給が絶対的に追いつかない状態に陥っていることは、高齢者保健福祉推進一〇カ年戦略（ゴールドプラン　一九八九）が新ゴールドプラン（一九九四）によってサービス供給の量的拡大を抜本的に見直さねばならなかったことからも明らかであった。

しかし、高齢者介護が社会問題視されてからの在宅福祉の推進は、一貫してジェンダー分業に基づく女性の無償労働によるケアの存在を前提とする支援にほかならなかった。介護保険法の検討段階では、高齢期の介護が「最期を看取る介護」から「生活を支える介護」となり、それまで家族（女性）が担ってきた介護とは質的にも量的にも異なる負担となっていることから、「高齢者介護が家族介護に大きく依存している状況」の見直しを求める提起がなされたが[15]、そうした検討は法制定の過程で先送りとされてしまい、一九八〇年代に強化された生活保障システムのレジームを維持したまま介護保険法が制定され、二〇〇〇年を迎えることになるのである[16]。

介護保険制度の特徴は、第一に、ジェンダー分業に基づく女性の無償労働によるケアの存在を前提に、在宅介護を主流化する方針が採用されたことにある。第二に、社会保険を採用することで、あらかじめ定められた高齢期の要介護リスクに対して、誰でも介護保険サービスを受けることができる普遍主義がとられていることにある。第三に、すべてのサービス利用者に「ケアマネジメント」を施すことによって、生活課題を分別して介護保険が適用できる範域を確定する方法を採用したことにある。第四に、こうした仕組みを全国規模で支えるために、民間営利企業の参入を認めてサービス供給量を確保する方法を採用し、利用者の自己負担を課したことにある。

介護保険制度は、要介護認定を受けた高齢者が自宅で介護サービスを受けながら、家族のケアに支えられて在宅生活を継続する仕組みを準備したのである。

三　介護の社会化とケアの配分

（一）「介護の社会化」が積み残した課題

施行当初、介護保険制度は「介護の社会化」を推進するものとして一定の評価を得ていたが、早い段階で制度の軋みがあらわとなる。なかでも介護保険の利用増による介護保険財政の危機は最も大きな政策課題と認識され、二〇〇五年の介護保険制度改革に向けた議論では、「制度の持続可能性」を視野に入れた改革が打ち出されることになった[17]。

しかし、制度の運用開始から数年で「制度の持続可能性」を強調しなければならない状態に陥ったのは、高齢者の急増に端を発する介護保険の利用増にのみ原因を求めることはできない。介護保険制度の設計の段階で団塊の世代の高齢化は織り込み済みであったし、介護保険の財政の厳しさも予想できていた。この背後にある問題は、高齢期の生活課題と介護保険が提供するサービスのミスマッチである。

第一に、制度改革のなかで軽度者（改革前の要支援・要介護一）の大幅な利用増が課題とされるが、ここからは、システムが前提とする相互扶助機能が脆弱化し十分なケアが得られないなかで、介護サービスを利用しながら在宅に踏み留まろうとする高齢者と家族の生活を読み取ることができる[18]。

第二に、一人暮らし高齢者や認知症高齢者が増加するなかで在宅高齢者の介護モデルの見直しが課題とされるが、ここからは、それまでの介護サービスが家族構成や高齢者の心身の変化に十分対応できていなかった状態が見てとれる。

第三に、サービスの質の確保・向上のためにケアマネジメントの見直しが必要であると指摘されるが、そこには、ケアや介護サービスといった在宅生活を支える資源の供給制約のなかで、高齢期の生活支援を実現する困難がある。

こうした介護保険制度の軋みからは、団塊の世代の高齢化にともなう介護保険財政の危機という問題に還元できない、高齢者介護が抱えた本質的な課題を読み取ることはできないだろうか。

第一の課題は、高齢者の生活課題の多様性と文脈依存性である[19]。高齢期の生活は、その人が辿ってきた人生の延長上にあり、生活を構成する環境要因が複雑となるため、解決に向けた課題整理が簡単ではない。介護保険制度は、すべてのサービス利用者に「ケアマネジメント」を施すことによって、生活課題を分別して介護保険が適用できる範域を確定する方法を採用した。しかし、多様な生活課題に比べて介護保険サービスが支援できる範域は狭く、財政制約のなかではとくにそうならざるを得ない。そのため、介護保険サービスから外れる支援については、自己責任による調達を基本に別の方法が探られなければならない。そのため、個別支援の流れとしては、介護保険以外のサービスや地域資源を組み合わせながら当事者を取り巻く生活環境を整えるなかで課題解決が模索されることになる。そこでは、介護保険の給付管理を越えた、当事者の生活のマネジメントや社会資源の調達と組織化が求められているのである。

第二の課題は、支援困難事例の累積が可視化する高齢者の生きにくさであり、社会的排除である[20]。普遍主義にもとづく介護保険制度は、介護サービスを利用しながら在宅生活を継続する高齢者を増やす一方で、複数の生活課題を抱えたままの高齢者が社会のなかで不可視化される状況を生み出すことにもなった。支援困難事例と言われるこうしたケースが増加する背景には、高齢者の日常生活の変化にともなう社会関係の変容と支援のミスマッチがある。個人主義が浸透する中で、かつての共同体的紐帯が薄くなり、人と人とのつながりが次第に弱くなっていく。こうしたつながりこそがケア関係を維持する要素であるため、つながりの希薄化は、ケア自体の弱さに直結する。一人暮らし高齢者や認知症高齢者の場合、日々の暮らしのなかで社会関係が次第に弱くなり、ケアを求める声が上げられないまま、生活課題が「社会化」されずに沈殿し、それを抱えたままの生活を余儀なくされる[21]。つまり、支援困難事例の累積の背景には、次第に脆弱化するケア関係とそれを再編できないレジームの硬直性があり、システムが高齢者の社会的排除を生み出している側面が否めないのである[22]。

第三の課題は、第一、第二の課題とも関係するが、高齢期の生活に必要とされる支援の質的な変化と他者によるケアの絶対的な供給不足である[23]。高齢期の生活は、〝元気高齢者〟から〝支援困難事例〟までグラデーションがある上に、緩慢な状態変化を常とする。また、在宅生活の維持に「自立」の意味が貼り付けられるため、日常生活の変化のなかでそのつど必要となるケアを求める声を上げがたい環境がある。にもかかわらずこうしたケアが社会問題とされなかったのは、とくに高齢者が声を上げるまでもなく家族の女性が無償労働で担ってきたためである。一人暮らし高齢者の場合はケアの担い手が不在であるだけではなく、そうした声を上げる機会もきわめて限られている。声があっても周りが気付かなければ課題化しない。サービスがなければ対応が難しい。今のままのケア関係なら、認知症高齢者の場合は、ケアの担い手の有無にかかわらず、そのケア自体が精神的につらく閉塞したものになりかねない[24]。

介護保険制度の運用が直面した課題は、福祉レジームが供給できる支援をはるかに超える高齢者の生活課題であり、残存する家族の相互扶助機能をはるかに超えるケア関係が必要となる在宅介護の姿であった。

(二)「ケアの配分」という課題

「介護の社会化」が積み残した課題とは介護保険制度の見直しだけで解決できるものではない。従来の生活保障システムが機能不全になるなかで鮮明化された、高齢者の生活課題と福祉レジームの齟齬であり、日常生活を送る上で必要不可欠な「ケアの配分」にかかる問題にほかならない。老化にともなう身体機能の低下や社会関係の変化のなかで、高齢者の在宅生活は次第に他者のケアへの依存度を高めざるを得ないなかにある。「ケアの配分」の課題とは、〈依存度の高まるケアを誰が、どのように提供し、その責任を誰が負うのか〉を問うものである。これまでのレジームは家族における女性の無償労働を制度化することによって、その課題が社会問題化するのを周到に避けてきた。介護保険制度による在宅介護の主流化は、高齢期の依存度の高まるケアが、女性と家族が引き受けられる水準をはるかに超えている事実を明らかにし、あらためて社会問題として「ケアの配分」を問う契機を作ったのである。

ケアの配分は「ケアの政治課題化」の側面を有している[25]。介護保険制度は、〝男性稼ぎ主型〟の生活保障システムの上に介護保険制度を重ねることでケアの配分の課題を先延べにしてきた。この選択自体がジェンダー関係における政治課題に他ならない。介護保険制度は、あらためてこの課題を浮き彫りにしたのだが、その後の制度改革では、財政制約と制度の持続可能性ばかりが強調されることになり、介護保険の対象となる領域を制限し、それ以外の支援を自己責任と地域社会での相互扶助でまかなう方向に進んでいる。レジーム自体が揺らいでいる中で、ケアの配分は十分な社会問題と認識されていないのが実情である。「制度の持続可能性」を問題とするのならば、その射程は介護保険制度に限定されるべきものではない。

こうした状況のなかで高齢者と家族が直面しているのは、これまで長く無意識に選択してきたケア関係を一度意識化し、そのなかでケアの配分を自覚的に選択しなければならない事態である。現代社会は、すべての人に人生の早い段階で高齢期のケアの配分を考え、それに向けて生活を組織化することを求めている。ケアの配分をめぐるこうした状況は、中川清によって「ケアの生活課題化」と指摘されている[26]。

さらに、中川が指摘するように、生活課題として立ち上がってくるケアには、ケアをする側とされる側という非対称な関係のなかで感謝やいらだちのような情動や過去や未来を射程とする持続性をともなう「相互関係性」、五感を動員した接触をともなう「身体性」、当事者にとって帰属という機能に還元できない意味をもつ「場所性」がある。つまり、ケア行為自体が公共空間とは言い難い「親密圏」のなかに配置されているのであり[27]、ケアの配分の課題は家族に留めおかれていた親密圏の再編を私たちに要請しているのである。

四　地域包括ケアシステムの系譜

（一）地域包括ケアシステムの萌芽

終わりが見えない長期的なケアの対象となる障害や疾病を持つ人たち、あるいは日常生活において何らかの支援が必要となる人たちが、できるかぎり地域社会で日常生活を継続させるためのサービス供給体制に地域包括ケアシステムの萌芽を見るならば、そうした取り組みや政策の系譜は古い。

すでに一九八〇年代には、広島県御調町（現在は尾道市）や岩手県藤沢町において、全国に先立って進行した過疎化と高齢化のなかで、限られた社会資源の制約下におかれた国民健康保険診療施設が、ほかの地域に先駆けて保健・医療・福祉を統合してサービス提供をおこなう仕組みを自治体との協力のもとで構築していた[28]。一九九〇年代の介護保険法に連なる議論のなかでも、早い段階から高齢者の「生活を支える介護」の重要性が説かれており、そのためにはサービス供給の抜本的な見直しが必要であるとされていた[29]。これらはいずれも、現在、介護保険制度と医療制度改革のなかで推進されている地域包括ケアシステムの系譜と考えられているものである[30]。

二〇世紀の医療の系譜を丹念に整理することで「病院の世紀の理論」を示した猪飼周平は、そもそも二〇世紀以前に遡れば、医療は専門分化された治療医学ではない包括医療や全人医療といった包括ケアに連なる性格を有していたと指摘する[31]。

高齢者介護のなかで地域包括ケアシステムが焦点化されるのは、介護保険制度の見直しが直接の契機といってよい。その背景には、社会福祉法の制定（二〇〇〇）と、それにともなって「地域福祉の主流化」が実質化するなかで[32]、在宅介護の具体的なサービスを供給し、それを調整する場として地域社会が注目されたことがある。

ここでは、地域包括ケアシステムの三つの系譜に注目して、それぞれが示す論点を整理したい。初めに注目するのは、政策課題としての地域包括ケアシステムであり、これは介護保険制度の改革の文脈で示されることになる。次に取り上げるのは、地域包括ケアの社会理論であり、これは、医療に対する人々の意識の変化まで射程とする一〇〇年という歴史時間のなかで医療を相対化する作業を通じて導出される。最後に注目するのは、地域包括ケアの現場の取り組みであり、高齢者の生活支援の現場で実践として積み上げられてきたものである。

（二）政策課題としての地域包括ケアシステム

介護保険制度の政策課題として焦点化される地域包括ケアシステムは、二〇〇五年の介護保険制度改革に向けた議論のなかでまとめられた「二〇一五年の高齢者介護」（二〇〇三）を端緒に[33]、二〇〇八年には社会保障国民会議[34]で議論の組上にのせられ、地域包括ケア研究会がまとめた二〇〇九年[35]、二〇一〇年[36]の報告書で具体的な姿を見せることになり、二〇一四年六月の第一八六通常国会で可決成立した「地域における医療および介護の総合的な確保の促進に関する法律」で定義として示されることになる。

①課題設定

地域包括ケアシステムが政策課題として焦点化される背景には、高齢化の進行と介護保険の利用者の増加が介護保険の財政を逼迫させるという問題意識があり、こうした制約条件のもとで「制度の持続可能性」を考慮しながら、高齢者介護のサービス供給体制を再編しなければならないという課題が設定される[37]。

②課題解決に向けた論点整理

この課題解決に向けて、どのような論点整理を積み重ねることになったのか。

第一に、要介護高齢者が「その人らしい生活を自分の意思で送ること」を可能とするために、「自助の努力を尽くし、さらに、地域における共助の力を可能な限り活用すること」で介護保険制度の負担を軽減させながら、「高齢者が尊厳をもって暮らすこと」を実現しなければならないと高齢者介護の「国民的課題」を整理する[38]。

第二に、国民的課題をふまえた上で、高齢者の生活課題を介護保険対象の介護とそれ以外に分別し、「介護以外の問題にも対応しながら、介護サービスを提供するには、介護保険のサービスを中核としつつ、保健・福祉・医療の専門職相互の連携、さらにはボランティア等の住民活動も含めた連携によって、地域の様々な資源を統合した包括的なケア（地域包括ケア）を提供することが必要」であると、高齢者の生活課題の解決に向けた支援の供給体制として「地域包括ケア」を示す[39]。

第三に、地域包括ケアが供給対象とする医療・介護・福祉のサービスを「広い意味での『生活支援サービス』」とし、「国民一人一人の社会生活を支えるサービス」と位置づける。その生活支援サービスは「ニーズの個別性が高く、その人の価値観やライフスタイルによって必要とされるサービス内容・水準等は異なる」ものと定義する[40]。

第四に、ニーズの個別性が高い生活支援サービスを供給するには、「それぞれの地域が持つ『自助・互助・共助・公助』の役割をふまえた上で、自助を基本としながら互助・共助・公助の順で取り組んでいくことが必要ではないか」と問題提起する。ここでは「互助」を「家族・親族等、地域の人々、友人たち等との助け合いによりおこなわれるもの」と定義した上で、「自助や互助は、単に介護保険サービス（共助）等を補完するものではなく、むしろ人生と生活の質を豊かにするものであり、「自助・互助」の重要性をあらためて認識することが必要である」とし[41]、地域社会を生活支援サービスの担い手として描いている。

③政策課題としての地域包括ケアシステムが抱える制約

二〇〇五年の介護保険制度の改正のなかで示された地域包括ケアシステムは、二〇一四年一月には「地域の実情に応じて、高齢者が、可能な限り、住み慣れた地域でその有する能力に応じ自立した生活を営むことができるよう、医療、介護、介護予防、住まいおよび自立した日常生活の支援が包括的に確保される体制」として「地域における医療および介護の総合的な確保の促進に関する法律（案）」のなかで定義される。

政策課題としての地域包括ケアシステムは、一〇年近い議論を経て、高齢期の生活支援が介護や医療に限らず広範な課題に対応しなければならないことから、医療、介護、保健、福祉、その他、日常生活にかかる支援を包括的に提供するためのサービス供給体制を再編しなければならないという結論にたどり着くことになる。しかし、解決すべき課題が、介護保険財政の制約下において、制度の持続可能性を考慮しながら高齢者介護のサービス供給体制を再編することに置かれているために、地域包括ケアシステムの定義が政策として示されただけで、その具体的な構築については手順を示すことができないまま市町村に委ねざるを得ない状況にある。それに加えて、補完性の原理を示すことで、自助・互助の重要性を説くために、高齢者介護の「再家族化[42]」や地域社会への負担増が懸念されている。

政策課題としての地域包括ケアシステムが、包括的なサービス供給体制の構築を政策目標としながらも、具体的な構築手順を示すことができない背景には、量的にも質的にも現行の福祉レジームが供給できる支援をはるかに超える高齢者の生活課題があり、積み残されたままの「ケアの配分」の課題がある。こうした「新しい社会的リスク」に対して、政策課題としての地域包括ケアシステムが、制度の持続可能性を考慮しながらサービス供給体制の再編を試みるという課題解決のアプローチを設定することについては、根本的な見直しが必要ではないだろうか。

この点を明確にするために、地域包括ケアの社会理論が示す論点をみておこう。

（三）地域包括ケアの社会理論

政策課題としての地域包括ケアシステムに対して、猪飼周平は自らが示した「病院の世紀の理論」を手がかりに地域包括ケアシステムの歴史化を試みる[43]。

①地域包括ケアを支える健康観

猪飼は、地域包括ケアを、当事者がこれまで生活してきた地域社会のなかで、健康を損なう疾病に対する予防を心がけながら暮らし、病気になったら治療を行い、それが完治しなくても適切な支援を受けながら生活を継続させるヘルスケアと位置づける。そして、このような地域性と包括性を帯びたヘルスケアが希求される背景として、人々の健康や病気に対する「認識枠組み」が、疾病の完治を目指す「医学モデル」から「生活の質によって規定される『生活モデル』」に移行したことを指摘する。

生活モデルを支える健康観では、疾病の治癒を目的とするのではなく、疾病などで障害を受けることになっても、様々な支援を受けながら生活を立て直し、可能なかぎりそれまでの生活を継続することが「当事者に健やかな生活」であると判断される。

ここで示される生活モデルの特徴として、猪飼は次の三点を指摘する。

第一に、「当事者の置かれている状況が、因果の連鎖として把握される」ことである。ここでは、当事者の生活は、それを取り巻く社会環境や人間関係など、本人のおかれた歴史的、空間的、社会的な文脈のなかで解釈されることになる。そのため、当事者の生活課題の理解も、その原因を単一の事柄に還元するのではなく、複雑に絡み合った因果の連鎖のなかで把握することになる。

第二に、生活モデルに基づく生活課題の把握と支援が、これまでの社会保障が原理として採用してきた「生存権保障を実行する上で主要な役割を果たしてきた水準概念」の放棄を余儀なくすることである。生活モデルでは、生活課題の把握も支援の構成も、最低限の生活を基準として斉一的に計られるのではなく、当事者のおかれた文脈のなかで社会資源がどのように機能しているかという視点で評価されることになる。

第三に、こうした生活モデルは、一九七〇年代後半から一九八〇年代にかけて「社会福祉領域の広範な部分で受け入れられてきた」モデルであり、高齢者の介護・医療の領域にのみ限定されるものではないということである。私たちの「社会が全体として生活やその困難に関する認識や取り扱いの作法を変化させつつある」と猪飼は指摘する。

②地域包括ケアシステムの特徴と課題

生活モデルに基づく地域包括ケアシステムをこのように歴史化した上で、猪飼は、その特徴と課題を次の三点に整理する。

第一の特徴は、地域包括ケアシステムの形成が在宅と高度な医療を提供する急性期病院の二極に分化し、社会資源がその両極に吸引されながら、「患者・障害者は基本的に在宅方向に継続的に吸引される」ことになる。

ここでは、一つには、在宅と急性期病院に二極化する支援の供給フィールドにおいて、「持続可能な職種間分業がいかにして可能となるか」という課題が立ち上がってくることになる。二つには、在宅と急性期病院の中間にある施設ケアの供給根拠がなくなるため、この領域に対する資源配分の正当性が薄らぐという課題である。三つには、施設の種類別に供給されるケアが異なるという従来のサービス供給システムが、生活の質に規定されたヘルスケアの目標にてらして「生活モデル的思考に反する」という課題である。

第二の特徴は、地域包括ケアシステムが、「健康というヘルスケアシステムの目標の定義」を生活の質という「システムの外部」に依存せざるを得ないということである。ここでは、地域包括ケアシステムは自由権に基づくものとして措定されるため、その成立要件として、「自己決定を擬制」してまで人々に自己決定が要請されることになる。

第三の特徴は、地域包括ケアシステムが、在宅という効率性が低い場所での支援を常態化するために、「従来の医療システムに比べて、元来高価なヘルスケアシステム」であるということである。ここでは、優れたケア内容でかつ負担軽減となるシステムをどのように構築するかという課題がある。

③地域包括ケアの社会理論が示すこと

地域包括ケアの社会理論は、一九七〇年代以降、社会全体が健康を軸に生活の見方や取り扱い方を変化させるなかで、私たちが、地域的、包括的な生活の支援を受けながら、施設ではなく地域社会のなかで暮らしを継続させることに高い価値を見出すようになってきたことを教えてくれる。この事実は、私たちが望む生活が、地域包括ケアの価値と親和的であることを示している。

併せて、地域包括ケアの社会理論は、地域包括ケアが系譜的に抱え込んだシステムの準則下にあり、新しい社会システムとして地域包括ケアシステムを定着させるには、社会的に解決しなければならない課題があることを教えてくれる。

その作業には、私たちがこれまでの社会の構成規準としてきたルールや価値の見直しが不可欠であり、地域包括ケアを実現する新しい社会システムの設計には、生活保障システムを構成するレジームを根本から見直すことが要請されているのである。

(四) 地域包括ケアの現場の取り組み

地域包括ケアシステムには、それぞれの地域課題の解決に向けた実践的な取り組み（好事例）を通じて積み上げられてきた、現場の経験知の系譜がある。ここでは、地域の社会資源を総動員しながら、生活課題を抱える当事者の困りごとを解決に導く活動を積み重ねるなかで、〈高齢者の生活課題を早い段階で発見し、適切な支援を提供する〉ことができる地域の仕組みを創りだしている。

①地域包括ケアシステムの基本機能と基本要素

こうした現場の取り組みをもとにして、井上信宏（二〇一一b）は、地域包括ケアシステムには、「見まもり」「発見」「総合相談」「つなぎ」「支援」「権利擁護」「苦情処理」「開発・提言」「評価」の九つの機能（基本機能）があり、生活課題の早期発見を目途として「地域社会のネットワーク化」が、生活支援の適切実施を目途として「専門職のネットワーク化」が促進されることを経験的に整理している（表3－1）。

このうち、「地域社会のネットワーク化」は、地域住民や地域担当の専門職が、予防的支援の観点から地域のなかで孤立や排除のリスクがある高齢者と家族を緩やかに見まもり、「微細な声[44]」として届けられる高齢者の生活課題を発見し、それを行政職員や専門職につなぎ、しかるべき支援を実現する機能を持っている。また、「専門職のネットワーク化」は、高齢者の適切な権利行使を支援し、生活の困りごとを抱えた高齢者や家族、ある

表3－1　地域包括ケアシステムの基本機能

（Ⅰ）見まもり：孤立や排除のリスクの高い高齢者とその家族を緩やかに見まもる機能
（Ⅱ）発見：高齢者の生活環境の変化や生活課題を発見する機能
（Ⅲ）総合相談：高齢期の生活課題の相談や課題の引き受けをおこなうインテーク機能
（Ⅳ）つなぎ：生活環境の変化や生活課題を次の支援につなぐ機能
（Ⅴ）支援：社会資源を組み合わせて具体的な生活支援をおこなう機能
（Ⅵ）権利擁護：当事者の自己決定や生存権を保障し、権利侵害の除去と予防をおこなう機能
（Ⅶ）苦情処理：当事者および支援者の支援にかかる苦情を引き受けて、問題解決を図る機能
（Ⅷ）開発・提言：不足する地域資源を開発したり、計画や施策等の修正や政策提言をおこなう機能
（Ⅸ）評価：支援の提供主体の設置や運営、提供される支援の質をチェック・評価する機能

出典：井上信宏（2011b）に基づいて作成

表３−２　地域包括ケアシステムの基本要素

Ⅰ.	地域社会のネットワーク	見まもり−発見−つなぎ（−支援）
Ⅱ.	専門職のネットワーク	総合相談−つなぎ−支援−権利擁護
Ⅲ.	ローカル・ガバナンス	権利擁護−苦情処理−開発・提言−評価

出典：井上信宏（2011b）に基づいて作成

いはその近くにいる人たちが相談できる窓口を入り口に、総合相談窓口や地域社会のネットワークを経由して示された生活課題を引き受け、専門職や機関など地域の社会資源をつないで個別支援を実施するとともに、権利侵害の予防をおこなう機能をもっている[45]。（表３−２）

②地域包括ケアシステムを支える信認

地域包括ケアの実践的な取り組みの好事例では、個別支援や地域課題の解決に向けた取り組みに参加する主体が、日常的な支援を繰り返すなかで活動の流れと意味を自覚し、それを支援の型として認知することになる。こうした支援に参加した主体は、成功体験を積み上げ、それを地域の支援仲間と語り合うなかでお互いの活動を信認しながら、一連の活動のなかにおける自らの役割とポジションを繰り返して確認し合うのである。このような現場支援を繰り返すなかで、支援に参加した主体間で支援の型が地域社会の経験知として構築、共有されることになる。その結果が、地域包括ケアシステムの基本機能や基本要素を具現化するのである[46]。

地域における包括的なケアの現場では、長期的なケアや日常生活においてなんらかの支援が必要となる人たちが、地域社会のなかで生活支援の調達と分配を受けて、できるかぎり地域社会で暮らし続けることを支援の共通目標に据える。その目標のもとで、地域社会が積み上げた経験知が「地域包括ケアシステム」を構成することになるのである。

ここでいう「地域社会」は、〝地理的空間〟に留まるものではなく、そこで生活する人々が日々の暮らしのなかで作り上げてきた固有の生活様式や風土を持っている。そうであるがゆえに、そこで調達される生活支援もまた、地域社会の固有性に強く支配されざるを得ない。

そのため、地域包括ケアシステムは〝システム〟と位置づけられながらも、「科学的思考の枠組みではとらえきれない固有性の高い〝それぞれの日常生活〟への配慮である『ケア』の配分を斟酌することが求められている」のである。そうであるがゆえに、地域包括ケアシステムの基本要素に「ローカル・ガバナンス」を機能させ、システムの責任と評価を地域住民の手中に置き、「地域社会の生活における抵抗の拠点」として地域包括ケアシステムを設計することが、実践的に必要なのである[47]。

五　地域包括ケアを新しい社会システムにするために――おわりにかえて

いま私たちは、身体的、精神的、また、社会的に良好な健康状態を維持できる社会の仕組みとして、「地域包括ケア」の実現を目指す新しい社会システムを設計することが求められている。

その向かうベクトルは社会を誤った方向に導くものではないが、その実現のためには、これまでの生活保障システムが依拠する福祉レジームでは調達しがたい生活支援を可能にする仕組みをつくる必要がある。そのためには、そもそも地域包括ケアシステムは何のためのシステムなのか、という規範的な水準に立ち返って問題を整理し直す必要がある。

地域包括ケアの目標は、私たちの健康な生活を維持向上させることにある。なんらかの理由でそれが難しい状態に陥ったら、それぞれの課題解決に向けた支援を受けながら生活を立て直すことができる仕組みが地域包括ケアシステムといってよい。つまり、他者の支援を受けながら自律的な生活を送ることを私たちの健康のひとつの姿と考え、それを実現するための手段が地域包括ケアシステムであると言い換えることができる。新しい社会システムは、こうした生活を選択できる社会として設計されるのが望ましい。

しかし、私たちの健康な生活は、その人自身の日々の暮らしや社会環境など、〝その人がおかれた文脈〟に依存する部分が大きく、生活課題の認識も個別性を有している(生活課題の個別性)。そうであるがゆえに、それを支援する仕組みも文脈依存的にならざるを得ない(支援資源の地域性)。これまでの福祉レジームが持っていた理念とは異なり、文脈依存的な生活課題と生活支援の結びつきは、社会保障が前提とする標準的な生活を想定しがたく、斉一的な支援の指標を示すことが難しいという特徴を有することになる。〈生活課題の個別性〉と〈支援資源の地域性〉という二つの制約条件は、資源の公正分配を政策理念とする国家政策＝社会保障として「地域包括ケアシステム」を制度設計することの困難を示しているのである。

今一度、私たちは、今の立ち位置を考える必要がある。

本論では、私たちが「新しい社会的リスク」のなかにいること、にもかかわらず、いまもなお一九八〇年代に再編強化された〝男性稼ぎ主型〟の生活保障システムのなかにいて、介護保険制度もまたこのシステムが採用するレジームのなかにあることを確認した。つまり、私たちの今の立ち位置は、新しい社会的リスクに対して、旧いシステムで解決を図ろうとしているのである。

その結果、高齢期の生活はどういった課題を抱えることになったのか。

多くの高齢者は、自分たちのこれまでの暮らしを大きく変えることなく、自らの生活を維持し続けたい、子ども世代に迷惑をかけたくないという想いを強く抱いているが、次第に衰えていく身体と心の変化のなかで、自分たちだけで生活を維持するのが難しい状態に陥っている。子ども世代もまた、親世代を排除したいわけではないが、今の暮らしのなかで、彼らに寄り添い、彼らを自らの生活に引き受けてケアするのが難しい状態になっている。これまでの生活保障システムが与件としてきた家族や地域社会、雇用や福祉レジームの編成は、こうした状態を改善するのではなく、宿命的に引き受けるべきものとして自己了解することを強制していると言わざるを得ない。

システムが強制するループから抜け出すために、政策はなにを考慮しなければならないのか。

第一に、高齢化にともなう生活の変化を、個人的に解決すべき課題ではなく、社会的に解決すべき生活問題として認識することである。

高齢化は、私たちがこれまでに経験したことがない長寿化として進行している。それにともなって、身体的、精神的に生活の変化が生じ、それが社会関係も大きく変容させる。その結果、高齢期が、他者のケアへの依存度を高める生活を余儀なくするにもかかわらず、ケアの配分が個人的に解決すべき生活課題として認識されているがゆえに、高齢者は自立を、家族は扶養を強制されることになる。まず私たちは、これまで家族関係に限定的に留め置かれてきたケアの配分の課題を、社会問題として認識する視点の転換が求められているのである。

第二に、これまでの生活保障システムが、社会的に解決すべき生活課題をアドホックに対応してきたために生活支援を十分提供できない事態に陥っていることを引き受けた上で、新しい社会システムを設計するということである。

ここで考えるべきことは、一つに、高齢期の生活の変化を自己責任や家族責任でどこまで背負い込めるのかということである。高齢期においても自立した生活を送りたいというのは多くの人の想いである。しかし、高齢期の生活は不可避的に他者のケアへの依存度を高めざるを得ない環境にある。翻って考えてみれば、人の生活はいつの世代にも一定のケアがなければ成立しない。自分で対応するか、親が対応するか、妻が対応するか、あるいは、家族で按分するか、社会的に支援するか。いずれにせよ誰かがケアを担わなければ、日々の生活は成り立たないのである。

現場が積み上げた幾多の支援困難事例の取り組みが明らかにしたことは、こうしたケアを成立させる個人的な空間の脆弱性ではなかったか。こうした経験が教えてくれるのは、私たちが、他者からのケアを受けながら暮らすことを高齢期の自律的な生活ととらえ直し、それを可能にする社会関係を設計することである。

二つに、地域社会の互助についても、それが思うように組織化できない現状がある。ソーシャルキャピタルの育成の課題は、地域社会のつながりを再生して、互助にまで高めることの難しさを示している。地域社会の再生にかかる困難を先送りしたまま互助のカテゴリーを立ち上げたところで、具体的な生活支援を担うことは難しいと言わざるを得ない。

これは、地域社会の互助が不要だということを主張しているのではない。むしろ逆である。ケアの配分を考える上で、地域社会が担いうる領域があること、地域社会にしか担えない領域があることは明らかである。しかしその領域がどのようなものであるかについては、理論的にも経験的にも、私たちの知見がそれを判定するのに不十分であることを認識しなければならない。

なによりも地域社会の互助は、国家や行政といった政策主体の課題ではなく、そこで暮らす私たちが考えるべき生活課題としてとらえ直す必要があるのではないだろうか。

ここで課題とされる生活とは、私たちがケアを近代家族というプライベートな範域に囲い込むことで立ち上げたものにほかならない。「ケアの生活課題化」は、こうした二〇世紀に構築された生活の、空間的、関係的な再編にかかる問題として認識する必要がある。そこでは、私たちがプライベートな範域に隠してきたケアを社会問題として可視化するというきわめてナイーブな問題を引き受けることが求められている。ここに、これまでケアを囲い込まされてきた家族を支援する、あるいは家族に代わる、新しい親密圏を選択的に作り上げる領域があるのではないだろうか。

三つに、国家がやるべきこととして、正しく「補完性の原理」のもとで政策を立てることである。生活の現場は、私たち自身が自律的に構成する暮らしの場である。そこで営まれる生活の質について、国が斉一的に決めることはできない。この事実をわきまえた上で、国は、できる限り多くの人がいま直面している課題解決に向けた取り組みに参画できる社会環境を整備し、その取り組みを支援する役割を担うべきである。

課題解決に向けた作業は、私たちが暮らしてきたシステム自体の設計を根本から見直す作業にほかならない。システムの根本的な見直しの要請に対して、すぐさま解決策が示せるわけではない。いまの段階では、一人でも多くの人とシステム自体の設計を見直す必要があるという問題意識を共有した上で、結論を急がないこともまた重要である。

地域包括ケアシステムと言いうるものは、私たちが、私たちの生活のなかで、自生的に創り上げる関係性のなかでしか構築できないし、そうでなければ機能しない。まずはこの基本的なことを確認しなければ、新しい社会システムの実現に向けた地域包括ケアの具体化は進まないと思われる。

[注]

1　厚生労働省は「地域における医療及び介護の総合的な確保を推進するための関係法律の整備等に関する法律案」を第一八六通常国会（二〇一四年一月二四日召集）に提出した。同法案は、社会保障審議会介護保険部会が二〇一三年一二月二〇日にとりまとめた「介護保険制度の見直しに関する意見」をもとに作られたものであり、医療法、介護保険法など、関係する法律の一括審議・改正をはかるものである。同法案のなかではじめて「地域包括ケアシステムの構築」が政策として示されることになった。
2　広井良典（二〇〇六）
3　大沢真理（二〇〇七）
4　井上信宏（二〇一一c）
5　宮本太郎（二〇一三a）、宮本太郎（二〇一三b）
6　大沢真理（二〇〇七）
7　G・エスピン＝アンデルセン（著）、岡沢憲芙（監訳）（一九九〇＝二〇〇一）、宮本太郎（二〇〇八）。パラグラフ内の引用は、宮本太郎（二〇〇八：一三）による。
8　大沢真理（二〇〇七：五四）
9　宮本太郎（二〇〇八）
10　武川正吾（一九九九）

11　井上信宏（二〇一一d）
12　宮本太郎（二〇〇八：九七）
13　大沢真理（二〇〇七：六七）
14　井上信宏（二〇一一d）
15　厚生省高齢者介護対策本部事務局（編）（一九九五）
16　大沢真理（二〇〇七）、森川美絵（二〇一〇）
17　二〇〇五年の介護保険制度改革では、①予防重視型システムの確立、②施設給付の見直し、③新たなサービス体系の確立、④サービスの質の確保・向上、⑤負担の在り方・制度運営の見直し、の五つの柱が示された。
18　沖藤典子（二〇一〇）
19　生活支援の特徴の一つとして猪飼周平（二〇一一）は「状況依存性」を明確に指摘している。
20　河合克義（二〇〇九）
21　信濃毎日新聞取材班（二〇一〇）
22　井上信宏（二〇〇八）、井上信宏（二〇一一a）
23　ここでいう「ケア」とは「世話」ということばに置き換えることが可能な、他者に依存的にならざるを得ない者による身体的、情緒的な要求とそれを満たす行為の相互関係を意味する。
24　信濃毎日新聞取材班（二〇一〇）
25　ケアが政治課題であるというのは、介護保険制度の破綻のなかで初めて示されるものではない。フェミニズムの研究蓄積は、ケアの政治課題化を扱う研究史を分厚く持っている。上野千鶴子（二〇〇一一）。
26　中川清（二〇一三：一三〇）
27　齋藤純一（二〇〇三）
28　山口昇（一九九二）、生活福祉研究機構（二〇〇五）
29　厚生省高齢者介護対策本部事務局（編）（一九九五）、厚生省社会・援護局企画課（監修）（一九九八）
30　太田貞司・森本佳樹（編著）（二〇一一）、西村周三（監修）、国立社会保障・人口問題研究所（編）（二〇一三）。但し、資源供給の制約下において、首長と診療施設の医師の強いリーダーシップのもとで実現されたシステムと介護保険制度の見直しのなかで政策課題とされているシステムは、必ずしも同じものとは言えない。
31　猪飼周平（二〇一〇）、猪飼周平（二〇一一）
32　武川正吾（二〇〇六）
33　高齢者介護研究会（二〇〇三）（ホームページ参照資料）
34　社会保障国民会議、第二分科会（二〇〇八）（ホームページ参照資料）
35　地域包括ケア研究会（二〇〇九）（ホームページ参照資料）
36　地域包括ケア研究会（二〇一〇）（ホームページ参照資料）
37　この課題設定は、「二〇一五年の高齢者介護」を受けて策定された二〇〇五年度の介護保険制度改革において記され、「地域包括支援センター」の設置が条文化されることになる。
38　高齢者介護研究会（二〇〇三）（ホームページ参照資料）

39　高齢者介護研究会（二〇〇三）（ホームページ参照資料）
40　社会保障国民会議、第二分科会（二〇〇八）（ホームページ参照資料）
41　地域包括ケア研究会（二〇〇九）（ホームページ参照資料）
42　藤崎宏子（二〇〇九）
43　猪飼周平（二〇一〇）、猪飼周平（二〇一一）。「地域包括ケアの社会理論」の引用は猪飼（二〇一一）を用いる。
44　井上信宏（二〇一一a）、井上信宏（二〇一一b）。ここの記述は、井上信宏（二〇一一a：一一六）による。
45　井上信宏（二〇一一a：一一九）
46　井上信宏（二〇一一b：一七―一八）
47　井上信宏（二〇一一b：一九）

【文献】

猪飼周平（二〇一〇）『病院の世紀の理論』有斐閣
猪飼周平（二〇一一）「地域包括ケアの社会理論への課題――健康概念の転換期におけるヘルスケア政策」社会政策学会（編）『社会政策』（二―三、七）ミネルヴァ書房
井上信宏（二〇〇八）「地域包括支援センターの運営にみる困難事例への対応――地域包括ケアの実践と困難事例の解決のために」『信州大学経済学論集』第五七号
井上信宏（二〇一一a）「一人暮らし高齢者の「住まい」と社会的孤立――「ゴミ屋敷」を通して見え

るニーズと社会福祉の役割」『社会福祉研究』第一一〇号、財団法人鉄道弘済会
井上信宏（二〇一一b）「地域包括ケアシステムの機能と地域包括支援センターの役割」『地域福祉研究』第三九号、日本生命済生会
井上信宏（二〇一一c）「地域生活と高齢者介護――処遇困難事例と地域包括ケアシステムに焦点をあてて」、玉井金五・佐口和郎（編）『戦後社会政策論』（講座 現代の社会政策一）明石書店
井上信宏（二〇一一d）「介護保険制度における『介護の社会化』の陥穽――高齢者介護システムの系譜と家族モデルに焦点をあてて」中川清・埋橋孝文（編）『生活保障と支援の社会政策』（講座 現代の社会政策二）明石書店
上野千鶴子（二〇一一）『ケアの社会学――当事者主権の福祉社会へ』太田出版
大沢真理（二〇〇七）『現代日本の生活保障システム――座標とゆくえ』岩波書店
太田貞司・森本佳樹（編著）（二〇一一）『地域包括ケアシステム――その考え方と課題』光生館
沖藤典子（二〇一〇）『介護保険は老いを守るか』岩波書店
河合克義（二〇〇九）『大都市のひとり暮らし高齢者と社会的孤立』法律文化社
厚生省高齢者介護対策本部事務局（編）（一九九五）『新たな高齢者介護システムの構築を目指して――高齢者介護・自立支援システム研究会報告書』ぎょうせい
厚生省社会・援護局企画課（監修）（一九九八）『社会福祉基礎構造改革の実現に向けて――中央社会出版
齋藤純一（二〇〇三）「親密圏と安全性の政治」齋藤純一（編）『親密圏のポリティクス』ナカニシヤ出版
信濃毎日新聞取材班（二〇一〇）『認知症と長寿社会――笑顔のままで』講談社

G．エスピン＝アンデルセン、岡沢憲芙（監訳）（一九九〇＝二〇〇一）『福祉資本主義の三つの世界――比較福祉国家の理論と動態』ミネルヴァ書房
生活福祉研究機構（編）（二〇〇五）『地域包括ケアにおける在宅ケア体制確立のための連携体制のあり方等に関する研究報告書』社団法人生活福祉研究機構
武川正吾（一九九九）『社会政策のなかの現代――福祉国家と福祉社会』東京大学出版会
武川正吾（二〇〇六）『地域福祉の主流化――福祉国家と市民社会Ⅲ』法律文化社
中川清（二〇一三）「社会政策における生活論の課題――故西村会員の問題提起とその後」社会政策学会（編）『社会政策』（四―三、一三）ミネルヴァ書房
西村周三（監修）、国立社会保障・人口問題研究所（編）（二〇一三）『地域包括ケアシステム――「住み慣れた地域で老いる」社会をめざして』慶應義塾大学出版会
広井良典（二〇〇六）『持続可能な福祉社会――「もうひとつの日本」の構想』筑摩書房
福祉審議会、社会福祉構造改革分科会、中間まとめ・資料集』中央法規出版
藤崎宏子（二〇〇九）「介護保険制度と介護の『社会化』『再家族化』」『福祉社会学研究』第六号、福祉社会学会
宮本太郎（二〇〇八）『福祉政治――日本の生活保障とデモクラシー』（有斐閣Insight）有斐閣
宮本太郎（二〇一三ａ）『社会的包摂の政治学――自立と承認をめぐる政治対抗』ミネルヴァ書房
宮本太郎（二〇一三ｂ）「福祉国家転換と『新しい公共』」、社会政策学会（編）『社会政策』（五―一、一四）ミネルヴァ書房
森川美絵（二〇一〇）「介護政策におけるジェンダー」木本喜美子・大森真紀・室住眞麻子（編）『社

会政策の中のジェンダー』（講座 現代の社会政策四）明石書店
山口昇（一九九二）『寝たきり老人ゼロ作戦』家の光協会

【ホームページ】（最終アクセスはいずれも二〇一四年一月）

高齢者介護研究会（二〇〇三）「二〇一五年の高齢者介護」
http://www.mhlw.go.jp/topics/kaigo/kentou/15kourei/3.html
社会保障国民会議、第二分科会（二〇〇八）「第二分科会（サービス保障（医療・介護・福祉））中間取りまとめ」
http://www.kantei.go.jp/jp/singi/syakaihosyoukokuminkaigi/chukan.html
地域包括ケア研究会（二〇〇九）「地域包括ケア研究会 報告書：今後の検討のための論点整理」
http://www.mhlw.go.jp/houdou/2009/05/dl/h0522-1.pdf
地域包括ケア研究会（二〇一〇）「地域包括ケア研究会 報告書」
http://www.kantei.go.jp/jp/singi/kinkyukoyou/suisinteam/TF/kaigo_dai1/siryou8.pdf

第四章

地域包括ケアシステムにおける自治体行財政運営の課題

沼尾波子

一　はじめに

二〇〇〇（平成一二）年に導入された公的介護保険は、増大する高齢者の介護を社会全体で支える制度として創設されたものである。それまでの措置制度に代わって、誰もが必要なときに必要な介護サービスを利用できる権利性の確保が掲げられた。

保険制度の導入を通じて、社会福祉法人に留まらず、多様な主体の介護事業への参入が認められるようになり、サービス供給は飛躍的に増大した。そして多くの人が一割程度の自己負担で介護サービスを利用できるようになったのである。しかしながら、サービス利用量が増大した結果、介護保険財政の規模も大きく膨れ上がり、制度の持続可能性が問われる事態となっている。

必要なときに必要な人のところに必要なサービスを提供しながら、保険財政の安定化を図るにはどうすればよいのか。この難題に対する一つの解として提示されたのが地域包括ケアシステムの導入である。これにより、一人あたりの給付費が高い施設サービスを縮小し、生活空間としての「地域」でケアを必要とする人々を支える仕組みを構築することが期待された。だが後述するように、地域包括ケアシステムの導入には、様々な課題があることも指摘されている。

こうした現状認識に立脚し、本章では、この地域包括ケアシステムについて、自治体の行財政運営という観点から検討をおこなう。はじめに、介護保険財政の現状について概観し、地域包括ケアシステム創設の経緯と理念について紹介する。次に、その運営にあたって、自治体が抱える行財政課題を整理する。埼玉県和光市と愛媛県松前町の事例を取り上げ、地域包括ケアシステムの運営における自治体の役割について考える。最後に、地域包括ケアシステムの構築を考えるにあたって、行財政上の課題を論じることとしたい。

二　介護保険財政の現状と地域包括ケアシステム

（一）厳しい介護保険財政

介護保険制度創設当時、六五歳以上の高齢者が負担する月額標準保険料の全国平均は二九一一円であった。しかしながら、その後、保険料負担は次第に上昇し、二〇一二〜一四年度には四九七二円に達している。制度創設当時、月額平均で五〇〇〇円程度が保険料負担の限度と指摘されていたが、今日すでに、その水準に達しているということである。このままでは、団塊世代全体が七五歳の後期高齢者になる二〇二五年には月額保険料が八二〇〇円程度になると見込まれており、保険財政の運営は大きな課題とされている。

現在、六五歳以上の高齢者が負担する保険料により、介護給付費の二一％（人口比）をまかなうと規定されている。したがって、介護給付費が増大すれば、保険料も自ずと上昇することになる。しかしながら、サービス利用の増大とともに、介護保険給付費は年々増大しているのである。給付費が増大した理由として、第一に、高齢化率の上昇により、介護サービスの利用者が増えたこと、第二に、後期高齢者の増大により、要介護度の高い重度の高齢者割合が上昇したこと、そして第三に、重度・軽度にかかわらず、介護サービス自体の利用量が拡大したことが挙げられる。

現行の保険制度では、介護給付費を賄う財源として、保険料と公費が原則二分の一ずつ投入されている。したがって、給付費の増大は、保険料の引上げとともに、国や自治体の財政支出をも増大させる。すでに保険料の上昇により、低所得者が保険料や利用料を賄えないケースも生じており、サービス利用を抑制する動きがみられる。こうした低所得者への対策も自治体に求められている。また、自治体のなかには、保険料の上昇を抑制するために、給付費を抑制するところもある。たとえば、特別養護老人ホームなど新規の施設整備を抑制し、サービス供給量の調整をおこなったり、要介護認定やケアプランチェックを通じて、サービス利用の抑制を図るという話も聞かれる。

このように、介護給付費の上昇は、国や自治体の財政を圧迫し、サービス給付の抑制や、利用調整を引き起こしている。このままの状態が続けば、将来にわたってこの仕組みを維持することは難しいものとなるだろう。こうした中で、国は「施設から在宅へ」という方針とともに、地域包括ケアシステムの導入を打ち出した。これは、住み慣れた地域で老後も安心して暮らすことのできる仕組みを作るということがその主旨であるが、在宅での暮らしを地域で支える仕組みを提起することで、一人あたり単価の高い施設入所を抑制し、保険財政の持続可能性を高めることも模索されている。

（二）地域包括ケアシステム

持続可能な介護保険制度と、地域における安心・安全な暮らしを両立する上で、国が積極的に推進するのが地域包括ケアシステムである。長寿社会開発センター（二〇一二）によれば、地域包括ケアシステムとは「地域住民が住み慣れた地域で安心して尊厳あるその人らしい生活を継続することができるように、介護保険制度による公的サービスのみならず、その他のフォーマルやインフォーマルな多様な社会資源を本人が活用できるように、包括的および継続的に支援すること」とされている。

①ケアのための連携の仕組み

表4－1　地域支援事業の構成および目的

1　介護予防事業	一次予防事業　○	国25% 都道府県12.5% 市町村12.5% 1号保険料20% 2号保険料30%
	二次予防事業　○	
2　包括的支援事業	介護予防ケアマネジメント事業　○	国40% 都道府県20% 市町村20% 1号保険料20%
	総合相談支援事業	
	虐待の防止、虐待の早期発見等に関する事業（権利擁護等）	
	包括的・継続的ケアマネジメント支援事業	
3　市町村の判断により実施する事業	要支援者に対する介護予防サービス　○	
	要支援者・二次予防事業対象者に対する自立した日常生活の支援のための事業で厚生労働省令で定める事業　○	
	要支援者（予防給付対象とならない）に対するケアマネジメント事業　○	
4　任意事業	介護給付費等適正化事業、家族介護支援事業等	

注：○のついている事業を「介護予防・日常生活支援総合事業として実施する場合には、これらの総合事業の財源構成として、国25%、都道府県12.5%、市町村12.5%、1号保険料20%、2号保険料30%が適用される。

地域支援事業交付金の交付対象となる地域支援事業費の上限

（保険給付費見込額（審査支払手数料、特別給付費を除く）の一定割合）

地域支援事業費	3.0%以内
うち介護予防事業費	2.0%以内
うち包括的支援事業費＋任意事業費	2.0%以内

出典：厚生労働省資料をもとに作成。

地域包括ケアの理念は、二〇〇五年の介護保険法の改正時に導入された。法改正により、以下のことが示された。第一に、医療、介護、予防、住まい、生活支援サービスが連携した要介護者等への包括的な支援（地域包括ケア）を推進すること、第二に、日常生活圏域ごとに地域ニーズや課題の把握をふまえた介護保険事業計画を策定すること、第三に単身・重度の要介護者等に対応できるよう、二四時間対応の定期巡回・随時対応型サービスや複合型サービスを創設すること、第四に保険者の判断による予防給付と生活支援サービスの総合的な実施を可能とすること、そして第五に介護療養病床の新たな指定はおこなわないこととし、在宅でのケアを推進することである。このほか、日常生活圏域のニーズ調査を実施し、地域の課題・ニーズを的確に把握するとともに、計画の内容として、認知症支援策、在宅医療、住まいの整備、生活支援を位置付け、実行していくことが期待された。

これら一連の事業は、介護保険法のなかで「地域支援事業」と規定され、その内容および財源は、表4-1のとおりとされた。

②地域包括支援センター

こうした包括的な業務を担う上で一定の機能を担うことが期待され、創設されたのが地域包括支援センターである。介護保険法第一一五条の四六では、地域包括支援センターについて、「地域住民の心身の健康の保持及び生活の安定のために必要な援助をおこなうことにより、その保健医療の向上及び福祉の増進を包括的に支援することを目的とする施設」と規定している。「地域包括ケアシステムの構築は市町村の責務、その構築に向けての中心的役割を果たすことが求められる」こと、「保健師等、社会福祉士、主任介護支援専門員がその専門知識や技能を互いに活かしながらチームで活動し、地域住民とともに地域のネットワークを構築しつつ、個別サービスのコーディネートをもおこなう地域の中核機関として設置」することとされている（長寿社会開発センター 二〇一一)。

さらに長寿社会開発センター(二〇一一)では、地域で必要な人のところに必要なサービスが必要なときに確保されるには、①総合性(高齢者の多様な相談を総合的に受け止め、尊厳ある生活の継続のために必要な支援につなぐ)、②包括性(介護保険サービスのみならず、地域の保健・医療・福祉サービスやボランティア活動、支え合いなどの多様な社会資源を有機的に結びつける)、③継続性(高齢者の心身の状態の変化に応じて、生活の質の確保を目指し適切なサービスを継続的に提供する)、④予防性(地域の高齢化率の推計、世帯形態などの予測、地域住民の声の把握などをもとに、地域における高齢者個別のニーズおよび地域の課題を把握する)の確保が必要であると整理する。このほかに付け加えるならば、個々の状況に応じたきめ細かな対応を図れるような柔軟性が求められることになる。

具体的に地域包括支援センターには、地域のネットワーク構築機能、ワンストップサービス窓口機能、権利擁護機能、介護支援専門員支援機能が期待されている。

③地域包括支援センターの運営状況

地域包括支援センターの設置状況をみると、二〇〇六(平成一八)年度以降、その数は次第に増え、二〇〇八(平成二〇)年度以降、すべての保険者(自治体)がセンターを設置している。また、ブランチ(地域住民から相談を受け、集約した上で地域包括支援センターにつなぐ窓口)や、

H21調査（平成21年4月末）		H20調査（平成20年4月末）		H19調査（平成19年4月末）		H18調査（平成18年4月末）	
箇所	割合	箇所	割合	箇所	割合	箇所	割合
1,279	31.5%	1,409	35.4%	1,392	36.3%	1,265	36.8%
130	3.2%	118	3.0%	112	2.9%	86	2.4%
2,729	67.3%	2,567	64.6%	2,439	63.7%	2,171	63.2%
1,445	35.6%	1,366	34.4%	1,277	33.3%	1,085	31.6%
524	12.9%	467	11.7%	447	11.7%	427	12.4%
463	11.4%	448	11.3%	436	11.4%	396	11.5%
92	2.3%	87	2.2%	86	2.2%	76	2.1%
70	1.7%	70	1.8%	68	1.8%	70	2.0%
64	1.6%	63	1.6%	58	1.5%	50	1.5%
23	0.6%	21	0.5%	21	0.5%	14	0.4%
48	1.2%	45	1.1%	46	1.2%	53	1.5%
48	1.2%	–	–	–	–	–	–
4,056	100.0%	3,976	100.0%	3,831	100.0%	3,436	100.0%

H21調査（平成21年4月末）		H20調査（平成20年4月末）		H19調査（平成19年4月末）		H18調査（平成18年4月末）	
箇所	割合	箇所	割合	箇所	割合	箇所	割合
265	6.5%	172	4.3%	133	3.5%	52	1.5%
285	7.0%	185	4.7%	149	3.9%	73	2.1%
716	17.7%	478	12.0%	413	10.8%	236	6.9%
2,389	58.9%	2,600	65.4%	2,596	67.8%	2,546	74.1%
401	9.9%	541	13.6%	540	14.1%	529	15.4%
4,056	100.0%	3,976	100.0%	3,831	100.1%	3,436	100.0%

表４－２　地域包括支援センターの設置主体と委託の状況

	H25調査（平成25年4月末）		H24調査（平成24年4月末）		H23調査（平成23年4月末）		H22調査（平成22年4月末）	
設置主体	箇所	割合	箇所	割合	箇所	割合	箇所	割合
直営	1,265	28.2%	1,268	29.3%	1,265	29.9%	1,208	29.7%
うち広域連合等の構成市町村	141	3.1%	122	2.8%	108	2.6%	148	3.6%
委託	3,213	71.7%	3,042	70.3%	2,920	69.1%	2,810	69.1%
社会福祉法人(社協除く)	1,738	38.8%	1,660	38.4%	1,556	36.8%	1,504	37.0%
社会福祉協議会	608	13.6%	577	13.3%	560	13.3%	526	12.9%
医療法人	549	12.2%	492	11.4%	499	11.8%	482	11.9%
社団法人	87	1.9%	91	2.1%	91	2.2%	91	2.2%
財団法人	61	1.4%	65	1.5%	69	1.6%	63	1.5%
株式会社等	72	1.6%	70	1.6%	65	1.5%	66	1.6%
NPO法人	26	0.6%	25	0.6%	25	0.6%	23	0.6%
その他	72	1.6%	62	1.4%	55	1.3%	55	1.4%
不明・無回答	6	0.1%	18	0.4%	39	0.9%	47	1.2%
計	4,484	100.0%	4,328	100.0%	4,224	100.0%	4,065	100.0%

出典：三菱総合研究所（2014）、p.75.

表４－３　地域包括支援センター職員配置状況

	H25調査（平成25年4月末）		H24調査（平成24年4月末）		H23調査（平成23年4月末）		H22調査（平成22年4月末）	
人数	箇所	割合	箇所	割合	箇所	割合	箇所	割合
12人以上	518	11.6%	421	9.8%	365	8.7%	296	7.3%
9人以上～12人未満	539	12.1%	398	9.2%	326	7.8%	263	6.5%
6人以上～9人未満	1,142	25.6%	1,089	25.3%	953	22.8%	783	19.3%
3人以上～6人未満	2,019	45.2%	2,117	49.1%	2,233	53.4%	2,380	58.5%
3人未満	250	5.6%	285	6.6%	306	7.3%	343	8.4%
計	4,468	100.0%	4,310	100.0%	4,183	100.0%	4,065	100.0%

出典：三菱総合研究所（2014）、p.88.

サブセンター（包括的支援事業の総合相談支援業務等をおこなう十分な実績のある在宅介護支援センター等）を設置する地域も増えている。センターの数を増やす自治体もあることから、センター設置数は年々増加しており、ブランチ・サブセンターを含めると七〇〇〇か所に達しているが、地域によってセンターの運営主体や業務内容は異なっている。

表4-2は、地域包括支援センターの設置数を設置主体別にみたものである。二〇一三（平成二五）年四月末の時点で、行政直営のセンターは全体の二八・二％であり、直営の割合は年々下がる傾向にある。多くの自治体では、センターの運営を委託する傾向にあり、委託先として一番多いのが民間の社会福祉法人（サービス事業者）で、次が社会福祉協議会である。

行政が直営でセンターを運営することにより、直接の訪問のみならず、権利擁護の際の措置権行使も可能となるなどのメリットがある。また、年金、納税、消費生活相談など、行政の他の業務部門との連携を図ることも比較的容易となる。だが、行政が直営で運営するほうが、人件費等の費用がかかるため、多くの地域では、委託方式を採用している。

一方、表4-3の地域包括センターの職員配置状況をみると、二〇〇六（平成一八）年から二〇一三（平成二五）年にかけて、職員数が増加傾向にあることがみてとれる。高齢者数の増大とともに地域包括支援センターの業務も拡大する傾向にあり、その規模は大きくなっている。

しかしながら、三菱総合研究所（二〇一四）の調査によれば、地域包括支援センターが抱える課題として、「業務量が過大」（二五・〇％）、「業務量に対する職員数の不足」（二〇・九％）、「職員の力量不足」（一六・六％）、「専門職の確保」（一四・九％）という回答があり、依然としてマンパワーの確保が課題となっていることがうかがえる。

（三）地域包括ケアシステムへの期待

二〇一四（平成二六）年の介護保険法改正では、在宅医療・介護連携の推進、認知症施策の推進、地域ケア会議の推進、生活支援の充実・強化が謳われ、地域支援事業の拡大が図られることとされている。とくに医療・介護の連携については、二〇二五年を見据えて、「介護・医療・住まい・生活支援・介護予防が一体的に提供される仕組みづくり」を通じて、「病院完結型の医療から、地域全体で治し支える地域完結型の医療への改革のなかで、在宅医療・介護の一体的なサービス提供の見直し」が提起された（厚生労働省二〇一四）。

具体的に、地域支援事業の拡大についてみていくと、まず、これまで要支援者を対象として保険給付の対象とされていた予防給付の一部が、介護予防事業に組み込まれ、あらたに総合事業として再編されることとなった。また包括的支援事業についても、従来の地域包括支援センターの業務に加えて、地域ケア会議の充実、医療・介護の連携推進、認知症施策の推進、生活支援サービスの基盤整備等が掲げられ、これまで以上に、多様な担い手の連携が求められる内容となっている。

その背景には、二〇二五年以降の急激なサービス需要の増大に加えて、医療保険財政の危機がある。病院や施設ではなく、在宅で必要な治療や介護を受け、暮らしを営むための仕組みを構築するという多くの人々の希望をかなえつつ、財政支出の増大を抑制することが目指されているのである。

三　ケアの計画とそのジレンマ

以上のように、地域包括ケアシステムに期待される役割は、大きく膨らんでいる。在宅で医療や介護サービスに加えて、生活を営む上で必要な支援を受けることができるよう、地域の担

図4−1　厚生労働省が示した地域包括ケアシステムの構築プロセス

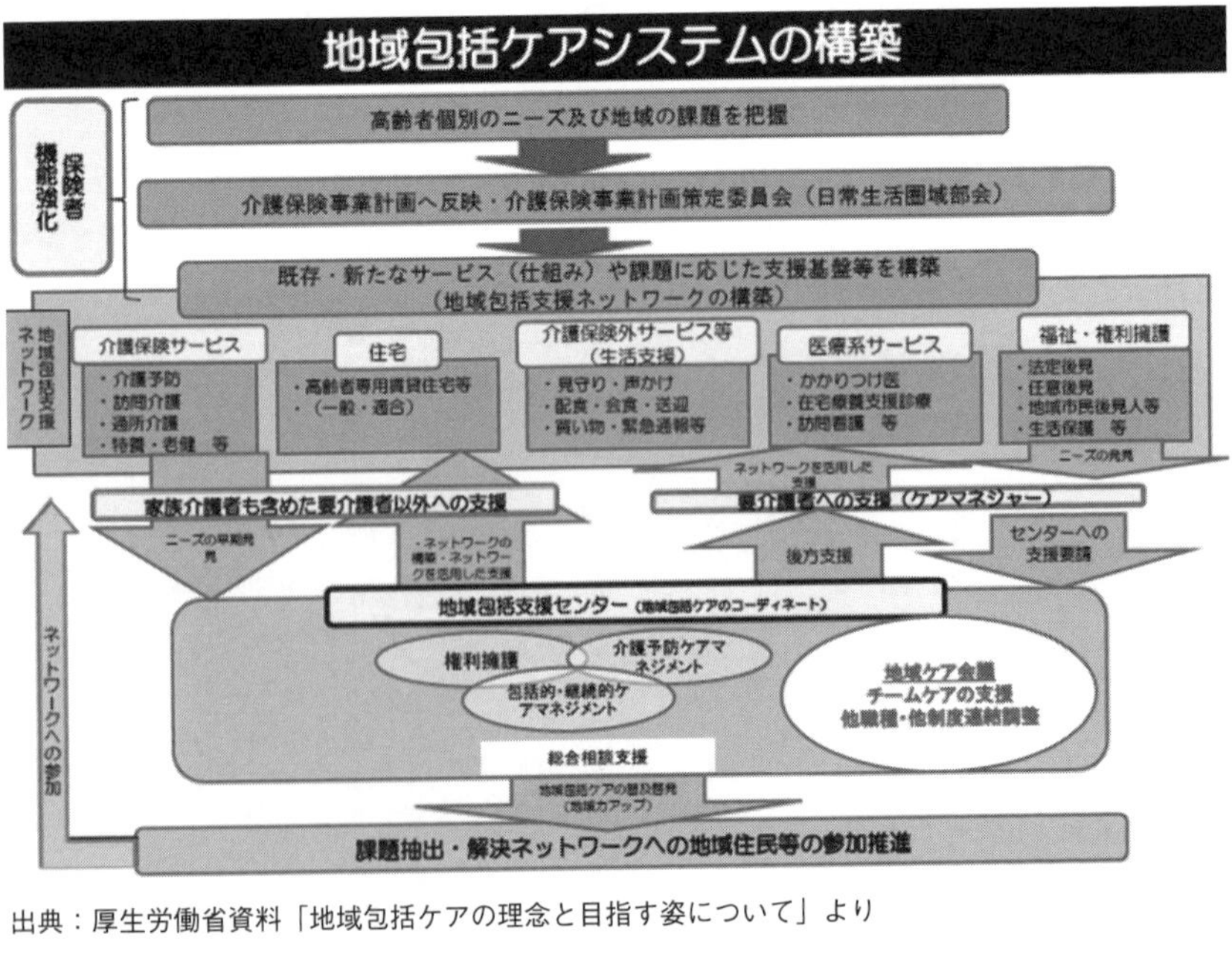

出典：厚生労働省資料「地域包括ケアの理念と目指す姿について」より

い手が連携し、体制を整備することが期待されている。

厚生労働省が示した地域包括ケアシステムの概念図（図4-1）を見ると、その期待は、こうした担い手の連携に留まるものではない。さらに言えば、地域で生活する高齢者等の状態像を把握し、介護需要の予測を立てる。具体的には「日常生活圏域ニーズ調査」をおこない、今後の介護等のサービス需要の予測をおこなった上で、施設の整備やサービスの確保について計画を策定することが期待されている。したがって、ケアが必要な人が現れたとき、それを支えるつながりを作ればよいという話に留まるものではなく、必要なサービスと人材について把握し、それらのサービスを計画的に確保し、一〇年先までの見通しを立てておくことが期待されているのである。無論、地域で暮らす高齢者のサービス需要を把握し、それに対する供給の見通しを立てることができれば、将来の介護給付費や保険料についても推計することが可能となる。それを取りまとめることにより、国としても地域の状況をふまえた予測を立てることができるということにもなる。

しかしながら実際には、地域包括ケアシステムの導入は、保険者としての自治体に、各種の課題をつきつけることになった。

（一）ケアのネットワーク構築

第一に、担い手相互の連携や協力といったネットワーク構築の問題である。すでにみたように、地域包括支援センターの運営について、およそ三分の二の自治体では、社会福祉法人や社会福祉協議会等に委託をおこなっている。したがって、個々のケースに対して、多様な担い手が連携・協力しながら、地域ケア会議を運営し、そこで高齢者等のケアを考えるという場合、その対応は、委託先の地域包括支援センターや、地域によっては拠点病院など、現場での対応が中心となる。そのネットワークに行政職員が入っていないこともしばしばである。行政職員がネットワークのなかに入らなければ、事業者や担い手のことも、利用者のことも把握することが難しいまま、自治体では介護保険事業計画の策定をおこなうこととなる。行政職員がネットワークに加わり、地域ケア会議が地域の暮らしにどのような課題があるかを把握する場となれば、他の福祉施策や、住宅政策、まちづくり事業につなげることも可能となる。しかしながら、事業者を中心とした地域ケア会議では、必ずしもこうした対応を図ることが難しくなってしまう。

このほかに、事業者中心でネットワークを構築することにより、サービス給付が肥大化することも考えられる。また、地域内での事業者間の力関係が、そのままネットワークの在り方に影響を与え、多様な担い手の連携・協力が必ずしもうまくいかないことも考えられよう。

(二) ニーズの把握

第二に、ニーズ把握の問題である。日常生活圏域ニーズ調査などの集計結果を活用したり、現在のサービス利用状況を基準として、高齢者数の伸びを加味するなどの方法により、保険者は需要予測の策定をおこなっている。しかしながら、ここにもいくつかの課題がある。

まずサービスニーズは何かという問題である。介護サービスの利用者は一割の利用料負担を通じてサービスを受け取ることができる。したがって、要介護度の段階に応じた利用上限額などを見据えつつ、費用負担できる範囲内でのサービス利用を考える利用者も多い。そのなかでも家事援助については、少ない負担で様々な家事を手伝ってもらえることから、利用が増える傾向にある。他方で、何らかの理由により介護サービスを利用していない潜在的な需要に対する課題もある。地域のなかには、介護保険の申請に思い至らないまま生活を送っている高齢者等も存在している。こうした潜在的需要の把握や掘り起しを図るか否かという点もまた課題である。

さらに、これらを突き詰めていくと、ケアサービスに対する需要は個別的なものか、一般化できるものかという問いに突き当たる。ある健康状態・生活環境にいる高齢者に対し、この人に必要なサービスとは何かということを定量的に測定し、かつ一般化できるのであれば、個々の身体的な状態や、生活状況を把握することで、客観的なサービス需要量を推計できるということになる。しかしながら、たとえば家事援助のように、本人の身体的状況に加えて、周囲の支えの有無などを含めた総合的な判断が必要な領域に対し、サービスが必要か否かということを一般的に規定することは難しい。

事業者や自治体は、個々のケースへの対応を考えるにあたり、何らかの尺度に基づいて、需要量やサービス利用の可否について判断をおこなわなくてはならない。また、その判断の積み上げが、サービス需要や保険給付、保険料水準に影響を及ぼすため、行政の世界では公平な対応がしばしば求められる。身体機能の状態が似たような人であっても、家庭環境や住宅事情によって、保険給付によるサービス水準を変更することを保険者としてどのように判断するかという問題がここに浮かびあがる。

(三) 需給コントロールと介護保険事業計画

第三に、介護保険事業計画の策定に関する問題である。行政が計画を主体的に策定しようとすれば、サービス需要と供給体制の両方を把握することが必要である。しかしながら、実際には、サービス利用の将来予測は、上述した通り、難しい面がある。高齢者数の伸びを算出し、将来の利用量をその伸びに比例して予測することが必ずしも妥当とはいえない場合もある。現状が効率的・効果的な給付であるとは限らないからである。だが自治体の現場では、需要の伸びと給付費の上昇を見据えた財政見通しを作成し、保険料負担を考えることで手いっぱいという声も聞かれる。サービス利用について住民と話し合いをしたり、サービス提供について事業者と調整を図りながら計画を策定することが必要となるのだが、そこまで手が回らないという自治体も多い。

（四）職員数削減による自治体職員の対応

そして第四に、行政改革にともなう職員数の削減がある。自治体では、行政改革の要請を受けて、一九九〇年代より集中改革プランを策定することとされ、複数の項目について数値目標を立てて改革が進められてきた。その一つに職員定数削減がある。一九九四（平成六）年に三二八万人だった地方公務員数は、二〇一三（平成二五）年には二七五万人にまで減少している。削減は警察・消防、教育、公立病院等の現業部門が多いが、福祉専門職も縮小傾向にあるほか、一般行政職員も減少している。さらに、役所のなかでは若手・中堅の世代で女性職員が増大していることも、一つの課題である。妊娠・出産・子育てに配慮すれば、就労可能な時間帯は日中となり、夜間の会議への出席を求めにくい。

業務内容の多様化、複雑化も課題とされている。保健福祉分野では、近年、めまぐるしい制度改正がおこなわれており、それらを一つ一つ理解し、増大する多様な業務をこなすことが難しくなっている。そこで、レセプト点検、介護保険事務等については嘱託職員や非常勤職員による対応を図るとともに、地域包括支援センターの運営については民間委託で対応する自治体が増えているのである。

地域包括ケアシステムの強化により、地域ケア会議を定期的に開催し、多様な担い手が集まって、地域で人々を支え合う仕組みを構築する。その理念を実現するには、多様な部門で政策を推進する自治体職員の参加が欠かせないが、現実には、地域ケア会議に市町村職員が出席していないことも少なくないのである。

四　事例にみる地域包括ケアの課題

地域包括ケアシステム構築にあたり、保険者たる市町村等の自治体に求められる役割は大きい。しかしながら実際には、多くの自治体で対応が追い付いていないのが実情である。では、こうした課題に対する取り組みをおこなっている自治体では、どのような工夫により成果を上げているのか。以下では二つの事例を見ていくこととする。

（一）埼玉県和光市の事例

地域包括ケアシステム構築にあたり、全国のモデルとされた事例の一つに埼玉県和光市がある。和光市は東京のベッドタウンに位置し、面積一一・〇四㎢、人口約七九、〇〇〇人（二〇一四年）が暮らす。高齢化率は一六・二％（二〇一四年）と他地域と比べて低い値をとるが、団塊世代に一定の人口のピークが形成されており、その対応が必要であるとの認識をもっている。比較的低所得者世帯が少なく、安定的な年金収入等に支えられた高齢者が多いことも特徴である。

市内は北エリア・中央エリア・南エリアの三つに大きく区分され、そのなかはさらに細かい地区（町・丁目・大型団地等）単位で把握されている。高齢化の進展は地区によって異なり、最も高い地区では人口の約八割が高齢者となっているところも存在する。

和光市では介護保険制度創設時に県の補助制度を活用し、保険者として市民ニーズの把握と必要なサービスの確保をおこなう体制を構築してきた。一人ひとりの高齢者の状態像把握をおこない、そこからサービス需要を積み上げるという手法をとっている。一人ひとりの高齢者の課題と向き合う中で、介護保険だけでは、高齢者の支援はできない。医療、住まい、介護予防などと一体的な対応を考えていく必要があるとして、地域包括ケアの仕組みを構築している。介護保険事業の枠内で対応する領域と、地域の課題として保険事業の枠外で対応する領域を整理し、それらを積み上げて、次期の介護保険事業計画に反映する手法を構築している。

事業所所属ケアマネジャーによるケアプラン策定は、利用量の増加や掘り起しを招く可能性があること、サービス価格は介護報酬によって決められており、価格メカニズムが働くわけではないことをふまえ、ニーズ調査に基づいた需要の把握と、それに対応した供給の確保をおこなう方法を推進している。

介護保険導入後、第一期に徹底したニーズ把握を実施し、その結果をうけて、二〇〇三（平成一五）年度より、市では、在宅介護支援センターを核とした、地域包括ケアの運営体制構築をはじめた。市は、保険者機能のなかに、ケアマネジャー支援や虐待対応などへのコーディネートなどを含む必要があると判断し、一人ひとりのケースに寄り添ったケアをおこなうために、地域ケア会議の体制を構築している。

市では、一人ひとりの利用者の身体機能を数値化し、身体機能の低下に対して、回復目標を具体的に設定し、機能回復に向けたチーム支援をおこなっている。要介護度を下げていき、自立に向けた支援をおこなうことが目標とされている。

中心となる地域ケア会議は市役所で開催されており、事業者のほか、個々のケースに応じて専門家が参加している。身体機能の回復という点に着目し、その実現に向けて、在宅での支援を基本として対応している。市の介護保険課が、保険者としての計画機能・管理機能を十分発揮し、プランのチェックや関係者相互の協議をおこなうシステム作りを担っている。

(二) 愛媛県松前町の事例

愛媛県松前町は、県庁所在地である松山市の郊外に位置し、二〇一四(平成二六)年の人口は約三万一〇〇〇人、高齢化率は二七・四%である。面積は二〇・三二㎢と小規模である。一九五五年、(旧)松前町、岡田村、北伊予村が合併して、松前町が誕生した。この旧三町村を単位として、町は、松前地区、岡田地区、北伊予地区の三地区に区分できる。松前地区は漁師町であり、比較的高齢者数が多く、独居率が高い。一方、松山市と接する岡田地区、北伊予地区はそのベッドタウンとして開発が進み、子育て世帯が流入していることから、高齢化率が低いエリアをもつ。地区ごとに異なる特徴をもつことから、地域別高齢化率分布は一七~三七%、独居率分布は二〜二四％と多様である。また、介護保険の第一号保険料率（二〇一二〜二〇一四年）は、標準月額で四八〇〇円となっている。

松前町の地域包括支援センターは町の直営で、町ではセンターを運営する担当職員を三名配置している。またこのうち一名は町長が民間事業所から看護師を抜擢し、主任ケアマネジャーとして配置したもので、町内事業所のケアマネジャーとの強い人脈を活かしたケアのネットワークづくりに大きく貢献している。松前町の地域包括支援センターは、町役場のなかで「六五歳以上のあらゆるケアを担う」ワンストップ行政の窓口として位置づけられており、高齢者の様々な相談についての窓口機能を担っている。

松前町の地域包括支援センターのもう一つの特徴は、地元で介護保険事業所を運営する四つの法人（うち一つは社会福祉協議会、一つは医療法人）との連携・協働のシステムを介護保険制度立ち上げの時期から創り上げてきた点にある。二〇〇〇（平成一二）年の介護保険制度立ち上げ以前から、役場では、これらの民間事業所の職員を集め、一緒に介護保険法の勉強会を実施していた。その際に、事業所それぞれが個性を発揮することで、競合ではなく共存できるような関係構築を推奨したという。各事業所がそれぞれの強みを発揮するよう努力と工夫を図った結果、認知症に強い事業所、重度の介護に強い事業所など、事業所ごとに特徴をもったサービス供給体制が構築されてきた。

その後、町では、これらの四事業所に「在宅介護支援センター」としての機能を担ってもらい、つねに情報を共有し、町内高齢者の状況をきめ細かく把握するよう努めてきた。現在では四事業所は地域包括支援センターのブランチとしての機能をもち、役場（地域包括支援センター）と一体的に、高齢者ケアのネットワーク構築に貢献している。四つの事業所はブランチとしての機能をもつが、地区ごとに担当事業所が決められている訳ではない。利用者が相談しやすい事業所に対して、いつでも地域包括支援センターのブランチとして問い合わせをおこなえるよう、体制が構築されている。いわば、運命共同体として、一体的に地域の介護事業を担う四事業所と、それを束ねる町の地域包括支援センターとの関係が形成されている。

事業所のケアマネジャーによれば「各事業所がそれぞれの得意分野を把握しているため、自分のところに依頼が来ても、他の事業所にケアプラン作成を回すこともよくある」とのことである。介護保険制度が目指したのは、市場競争原理を通じたサービスの質の向上であったが、松前町では、個々の事業所が分業と連携を図ることで、町全体のケアのサービスを役場、医療機関、異なる特性を持つ複数の介護保険事業所などが一体的に担う仕組みが構築され、サービスのネットワークが構築されてきたと言える。

役場では、このネットワークを強化し、個々のニーズに対応したサービスを提供できるよう、情報共有や能力向上に向けた取り組みを図っている。具体的には、各事業所のケアマネジャーが地域包括支援センターで定期的に実施する連絡会議をこまめに実施し、他の事業所が対応している町内の高齢者の状況を含め、情報共有を図っている。また、それぞれが抱える困難処遇ケースを報告し、ケース検討会をおこなうこともある。それらの情報は、役場の地域包括支援センターにある地図情報とあわせてストックされる仕組みになっている。

こうした情報共有の場が構築されることは、若手の介護職の学びの場としても機能している。役場によれば、「ケアマネジャー、ヘルパーの間での情報共有と連携が図られ、風通しがよくなることで、町全体で若手専門職を育成する場が形成されている」「事業所は異なっても、若手職員が会合の場などを通じて互いに学びあうことで、成長が図られている。また地域全体で高齢者を支えるという仕組みが図られ、最終的には町の地域包括支援センターが対応することにより、事業所で働く職員の孤立化が生じにくく、若手職員の離職が他に比べると少ないという効果もみられる」との指摘がある。実際に、他の地域で介護職として勤務していた地元出身でない若者が、就業機会を求めて町に流入してくるケースもあるという。

こうしたネットワークは、高齢者の権利擁護の場面でも、効果的に機能しているという。町内で高齢者虐待に関する通報があった場合、町の地域包括支援センターに情報が入る。役場は一時保護のための空きベッドを捜し、その提供をブランチである四事業所に依頼、すぐに地域包括支援センター職員が措置により、虐待されている高齢者を空きベッドのある事業所に収容するという仕組みである。行政が地域包括支援センターを直営で運営し、かつ事業所のベッドの空きをすぐに把握できる仕組みがあることによって、迅速に対応できるようになっている。

五　地域包括ケアシステム構築に向けた課題

（一）二つの行政システム

二つの事例は、いずれも行政が中心となって、地域包括ケアシステムを管理・運営しており、そこでの成果をふまえ、次期の介護保険事業計画策定をおこなっているという点で、類似した特徴を持っている。先述の通り、多くの自治体では、地域ケア会議による現場での情報ネットワークと、行政の動きが必ずしも結びついていない状況にあるが、二つの事例は、こうした点で注目すべきものである。

だが、二つの事例は、行政と民間事業者との関係構築や、住民の参加という点で対照的なものとなっている。和光市の事例は、行政の計画機能・管理機能を徹底的に追求することで、効率化を図ろうとする運営システムとなっている。介護給付については、身体機能の回復という視点に立って状況を把握するための専用シートを作成し、それに基づいて目標設定型のリハビリや支援をおこなうことが徹底されている。また、個々の状態像を把握し、その積み上げによってサービス供給体制や保険料負担の在り方を検討しており、保険者としてトータルで需要と供給、財政をコントロールする仕組みが構築されていると言える。

これに対し、松前町の事例は、個々のケースが出てきたところで、個別に必要な対応を関係者が集まって協議するという方式をとっている。行政、事業者、民生委員等の参加者が対等な関係で意見を出し合い、車座で合意を作り上げる場が構築されている点が大きな特徴である。介護保険制度創設時から、行政と事業者が一緒に学習会をおこない、ともにシステムを構築してきたことも大きい。民生委員や住民からの声が地域包括支援センターにすぐ届くことに加え、事業者間でサービスの質を競い合うが、利益を競い合う関係になっていないことも、こうした関係が築けている理由の一つである。

行政、事業者、地域住民、利用者が協議をしながら、限られた財源のなかで必要なサービスを提供する仕組みづくりを模索している。したがって、地域ケア会議での話をもとに対応を考え、必要なサービスが地域にない場合には、限られた予算と地域にある資源の活用を考えながら、その構築をおこなっている。空き店舗を利用して、買い物できるデイサービス事業所が開設されるなど、地域ケア会議のなかで出てきた課題に対応しながら、需要を把握し、サービスを提供する体制が創られている。

（二）地域ケア会議の構築と住民参加

介護保険法の改正により、地域包括ケアシステムのなかで、医療・介護・暮らしの見守りを幅広く担うことが「地域」の側に求められてくるとすれば、関係者の数も増大し、また求められる機能も多様化・複雑化することとなる。

その際に、行政が比較的対応しやすいのは、先の和光市の事例にみられるように、個々の機能や疾病に対し、その回復に向けた療法を専門家が考え、そのサービスを提供していくという方式である。数値目標が比較的明確となり、また成果もわかりやすい。一定の基準に基づいて、財政支出をおこなう上でも、わかりやすいものとなっている。

これに対し、松前町の事例のようなスタイルは、行政による対応が難しい面がある。まず個々の状況に応じて必要なサービスを判断し、提供することになれば、同じような症状であっても、家族構成や住宅事情、買い物の利便性等に応じて、支援の内容は大きく異なることが考えられる。それまでの暮らしのなかにあった機能の一部が欠落した場合、その欠落部分を補うのがケアサービスである。ところが、その欠落のあり方は個人個人で異なるため、ケアの内容や方法もそれに応じて異なるものとならざるを得ない。その際に、住民からは、行政が提供するサービスである以上、等しい条件で等しい対応をとることを求められることも多い。保険料負担に対するサービス受給の権利を主張されれば、より多くのサービスを受けている人を基準に、他の人にも同様のサービス提供をおこなうことが求められることになる。

また、個々人の生活を基準にしたケアをおこなおうとすれば、その財政需要を客観的基準に基づいて測定することは難しいものとなる。したがって、そこにどうしても一つの基準を設けざるを得ない。その際に、分権型財政運営であれば、地域住民の介護給付は地域の負担で賄うので地域の合意があれば柔軟に対応できるということになるが、地方財政計画ベースで一定水準のサービス供給を国が保障する仕組みのもとでは、暮らしに根差したサービスの水準を地域ごとに決めていくことに対し、国民全体としての合意を得ることは難しいという面もある。

地域ケア会議において、地域に必要なサービスや給付内容を考え、必要な人のところに必要なサービスの提供を決めていくとすれば、そこに地域住民の参加をどのように保証し、また国の財源保障の基準をどこに求めるかということが課題として浮かび上がってくる。

（三）行政体制の構築と財源保障

家族や地域コミュニティでの支え合いにより、ケアが成立していればよいが、そうでない場合に、それを補完する必要が生じる。ところが、こうしたサービスは、個々の状況に応じて柔軟に提供することが求められる。さらに、サービスの充足に向けて画一的な対応の基準を設定することが難しく、できるところからやっていくという対応を図ることが求められる。したがって介護サービス給付は、最低所得保障のように、一定水準の現金給付を通じて購買機会の保障をおこなう場合とは、事情が大きく異なる。現金給付の場合、財政支出水準と給付による所得保障水準との関係が明確である。だが、現物給付の場合には、一人ひとりが必要とするサービスの内容や水準は異なるものであり、またサービス提供に要する費用も、地域や状況によって異なるものとなる。

このように、不定型で柔軟にサービスを提供できる体制づくりが必要であるが、こうした領域は、実は行政が最も苦手とする領域でもある。事業や施策に対する成果が見えにくく、分かりづらく、予算化しづらい。さらに言えば、施設整備や人材確保等が、個別・多様なニーズに柔軟に対応できるサービス給付につながる保証はなく、したがって、現物給付の世界では、財政運営の効率化の議論が当てはまりにくい。したがって、こうした特性をもつケアのためのサービス供給に係る財源保障をおこなおうとすれば、個別具体的な財政需要額の算定が困難である以上、その計算は、人口や人口密度などを尺度としたものとならざるを得ない。

国が介護保険制度の枠のなかで定めている地域包括ケアの考え方は、和光市の例にみられるように、個々の状況に対応したサービスの枠組みを決め、それを積み上げ、重ねあわせることで包括ケアを達成しようという発想であった。介護保険制度のもとでの地域包括支援センターもまた、表4-1に示した事業をおこなう主体として位置づけられている。この方法は、事業費を積み上げて予算化をおこなうことができ、事業に対する成果の把握も容易なものとなるが、サービスの提供のあり方がルール化される面がある。これに対し、個々の状況に応じて地域で創意工夫を図りながら、対応を図るという松前町のような方法は、財源需要の見通しが不透明になる怖れもある。地域でケアを担う多様な主体が集まり、個々のニーズを補うための対応を検討する仕組みを構築する必要性が高まっている。だが、このようなソーシャルキャピタルとしてのプラットホーム構築を推進するのであれば、それに対応した行財政運営のあり方が問われることになる。

六　むすびにかえて

地域包括支援センターは、その数と規模を拡大しており、そこに求められる調整・連携機能はますます大きくなっている。ところが、これによって介護サービスがきめ細かく充実するようになったかというと、必ずしもそうとは言えない。介護予防のケアプラン作成に追われるセンターも多く、また多様な担い手の連携により会議をおこなうことも容易ではない。さらに、地域ケア会議に必ずしも自治体職員が出席している訳ではなく、事業計画のなかに現場の声が反映されているとは言いづらい状況もある。さらに言えば、介護サービスの価格は介護報酬によって決められており、そのためにサービス需要に対して、サービスの担い手が確保できない状況に置かれている地域も見られる。

それぞれの地域の状況をふまえて、必要なサービスを確保するには、行政が従来型の計画型の運営をおこなうだけでは限界がある。住民ニーズの多様化・複雑化に加えて、サービス事業者も多様化するなかで、その時々の状況に応じて、臨機応変・きめ細かな対応をできるような連携システムを作れるかどうかが問われるだろう。

市町村では、こうした地域包括ケアシステムのマネジメントを限られた職員で担うことが求められるようになっている。それぞれの専門家が語る言語の壁を越えた対応を図るには、そのノウハウの習得とともに、行政内部での合意形成プロセスの改革が必要となるだろう。

他方で、これまでの地方財政システムにおける国から地方への財源保障や、確保すべきナショナルミニマムの在り方をどのように考えるかという点も課題である。人口や高齢者数を基準とした保障水準を定め、アウトカムの達成をゴールに据え、実際のサービスについては地域の判断で対応するよう、財源保障の在り方を変えていくことも考えられる。

今後、地域包括ケアシステムの構築に向けて、行政には以下のような課題が生じると考えられる。

第一に、地域ケア会議の運営への参加である。毎回の参加を通じて浮かび上がってくる地域課題をすくい取り、それを施策として取り上げることが考えられる。その際には、行政内部での横のつながりを構築することに加えて、意見を吸い上げて、施策にするための予算化の仕組みを用意することが必要となる。

第二に、民間事業者との連携を通じて、ケアの仕組みを考える必要性がある。先述の通り、個々人への支援の内容について、行政職員が柔軟に対応することには難しさがある。行政は決められたルールに従って、個々のケースを判定し、公平に対応することが求められることが多く、個々のケースに対し、個々の状況を勘案し、柔軟に判断をした場合、住民からクレームが出ることが考えられる。したがって、行政が全体を調整するところと、事業者が柔軟に対応するところをうまく組み合わせることが必要な場面が出てくることになる。

第三に、介護保険事業計画の策定等における住民ニーズの把握の方法である。市民に「ほしいサービス」を聞けば山ほど回答は挙がってくる。今後の財政見通しや保険料負担をふまえ、給付と負担との見合いで、必要なサービスの供給方法を議論することも考えられる。

利用者、事業者、自治体（財政）それぞれの立場を考えながら、サービス基盤の整備とその利用についてコントロールする仕組みが構築できるかが、問われることになるだろう。

地域包括ケアの理念は、地方分権型の合意形成を求めるものであり、従来の効率性とは異なる観点に立った効率化を要請するものである。だがその実現に向けて、受け皿としての地域には課題が多い。地域の状況を把握し、多様な価値観・言語を話す人々をつなげる場の構築が求められる。

※本稿執筆に当たり、埼玉県和光市介護保険課、愛媛県松前町介護保険課、地域包括支援センター、ならびにブランチを担う事業所のケアマネジャーの方々より貴重なお話を伺った。この場をお借りして御礼を申し上げたい。

【文献】

猪飼周平（二〇一一）「地域包括ケアの社会理論への課題──健康概念の転換期におけるヘルスケア政策」『社会政策』第二巻三号

川越雅弘（二〇〇八）「わが国における地域包括ケアシステムの現状と課題」『海外社会保障研究』一六二号、四－一五頁、国立社会保障・人口問題研究所
京都府保険医協会編（二〇一一）『国がすすめる「地域包括ケア」を考える』かもがわ出版
厚生労働省（二〇一四）「全国介護保険・高齢者保健福祉担当課長会議資料（二〇一四年三月二二日）」
社会福祉法人全国社会福祉協議会・全国地域包括・在宅介護支援センター協議会編（二〇一一）『地域包括支援センター等による地域包括ケアを実践するネットワークの構築の進め方に関する調査研究事業報告書』
地域包括ケア研究会編（二〇一〇）『地域包括ケア研究会報告書』三菱ＵＦＪリサーチ＆コンサルティング
長寿社会開発センター編（二〇一一）『地域包括支援センター業務マニュアル（改訂版）』長寿社会開発センター
三菱総合研究所（二〇一四）『地域包括支援センターにおける業務実態に関する調査研究事業報告書』三菱総合研究所
結城康博（二〇一一）『日本の介護システム』岩波書店

第五章

自治体病院の経営再生

伊関友伸

一　全国で起きる自治体病院・地域医療の危機

全国で自治体病院が危機に直面している。最大の要因は医師不足である。たとえば、千葉県にある銚子市立総合病院（三九三床）は、二〇〇六年四月までは三五人いた常勤医師が二〇〇八年七月には一二人に減少する。病院収益が急激に悪化し、二〇〇八年一〇月に診療が休止された。病院に勤務していた職員は分限免職処分により解雇された。急な病院休止は市民の激しい反発を招き、市長はリコールされた。二〇一〇年五月、新しい市長により、銚子市立病院の名称で、医療法人財団銚子市立病院再生機構が指定管理者制度により管理を代行して診療が再開された。しかし、医師不足は相変わらず深刻で、病院事業への多額の財政支出は、銚子市本体の財政を圧迫している。

大阪府阪南市の阪南市立病院も、二〇〇七（平成一九）年七月に内科医の派遣を受けていた医科大学が内科医を全員引き揚げ、入院・外来機能を停止せざるを得なくなった。二〇〇八（平成二〇）年四月には、さらなる医師の退職により消化器外科医一名と小児科医一名しか残らない状況になった。二〇一一（平成二三）年四月、病院は指定管理者制度により管理代行された。

総務省の公立病院改革プラン実施状況等の調査結果（二〇一二年度）によると、二〇〇九年度から二〇一二年度までに五一病院が地方独立行政法人化、一六病院が指定管理者制度導入、一三病院が民間譲渡されている。

自治体病院の経営状況も非常に厳しい状況にある。二〇一一年度の地方公営企業法適用病院六五二事業のうち、経常損失を生じたのが二八八事業（約四五％）で、赤字額は六二二億円に達している。手持ちの現金が不足し、短期借入である「一時借入金」を計上した病院事業は全体の約一八％の一一六事業であり、その総額は六六五億円に達している。手持ちの現金の不足により、人材や医療機器への新規投資が難しくなり、医療機関としての魅力が次第に薄れ、患者は他の医療機関に流出する。患者の流出はさらに病院財務の悪化を招き、最終的には病院が存続できなくなる事態に陥ることになる。

二〇〇七年一二月、総務省自治財政局長は全国の自治体病院関係者に「公立病院改革ガイドライン」を通知した。ガイドラインは、公立病院改革の究極の目的を、改革を通じ公・民の適切な役割分担の下、地域において必要な医療提供体制の確保を図ることにあるとし、自治体病院に対して、真に必要な自治体病院の持続可能な経営を目指し、経営効率化をおこなうことを求めている。その上で、各自治体に対して二〇〇八年度内に、経営効率化で三年間、再編では五年間を目途とする「公立病院改革プラン」を策定し、経営改革に総合的に取り組むことを求める。改革プランでは、数値目標を掲げて「経営の効率化」を図ること、医師の配置や病床数の見直しを含めた「再編・ネットワーク化」、民営化を含めた「経営形態の見直し」の三つの視点に立った改革を一体的に推進することとされている。筆者は、「総務省改革ガイドライン」は、現在の地域医療を脅かす最大の要因である医師・看護師不足問題よりも、病院の財務状況に関心が行きすぎている傾向があると考える。形式的に「経営効率化」のため、収益の増加や病床利用率の向上を迫れば、医師・看護師のさらなる労働条件の悪化を招くことになる。地域医療の崩壊が起きている現在においては、単純な収支の改善だけを追求するのではなく、自治体病院で働く医療者が働きやすい環境をつくることが必要である。

二〇一三年一一月一五日の第二二回経済財政諮問会議で、議長である安倍総理は、報道関係者に対して「公立病院については、改革プランに基づき取組を進めているが、依然として、多額の補助金に依存する体質になっている。しっかりとした経営感覚をもって経営がおこなわれるように、そしてそれが患者のためになるように、更なる改革を進めることが重要である」というコメントをおこなった。また、会議における議論において新藤内務大臣は、新たな公立病院ガイドラインの策定をおこなうことを表明した。また、二〇一四年六月二四日に閣議決定された「経済財政運営と改革の基本方針二〇一四」の（三）地方行財政制度の「地方財政改革の推進」の項目において、「『公立病院改革プラン（五か年計画）』に基づく取組の成果を総務省・

厚生労働省が連携して評価した上で、地域医療構想の策定に合わせ、今年度中に、新たな公立病院改革ガイドラインを策定する」ことが盛り込まれた。本書が出版されるころには、新たな公立病院ガイドラインが示されていると考える。財政中心で、現場の状況を考えない無理な「改革」はかえって地域医療を崩壊させる可能性が高い。

二　医師や看護師不足はなぜ起きたのか

（一）世界的に見て少ない人口あたりの医師数

自治体病院の経営崩壊の原因となった医師不足は、なぜ起きたのか。医師不足は、様々な要因が複合して起きている。まず、世界的に見て少ない人口当たりの医師数がある。これまで国は「医師が増えると医療費が増大する」という考えに立ち、医科大学の学生数を抑制してきた。その結果、日本の人口千人あたりの医師数は二・二人とOECD諸国の平均三・二人［OECDヘルスデータ二〇一三］に比べて少ない状況になっている。現在、国は医師不足問題に対応するため、各医科大学の学生定員数を増やし、医師数の増加を目指しているが、医師の養成には時間がかかり簡単には増えない。

（二）医療の高度・専門化

医師不足の原因の要因の一つとして医療の高度・専門化がある。医療は、世界水準で日々、進歩している。医療の高度・専門化により、各診療科は臓器別に細分化し、医療をおこなうために多くの医師が必要となっている。内科でも、循環器内科、消化器内科、呼吸器内科、内分泌代謝内科、血液内科、腎臓内科、神経内科などに細分化され、状況に応じて、ＣＴやＭＲＩの検査の画像を診断したり、放射線治療をおこなう放射線科の専門医やリハビリをおこなうリハビリテーション科の専門医なども協力して診療に当たる。専門分化された医師がかかわることにより、診療の質が上がり、患者にとっても恩恵が多いが、数多くの医師が必要となる。

（三）国民の高齢化

国民が高齢化し、その絶対数が増加している。高齢者は、がんや生活習慣病など、長い期間、医療を受ける病気にかかることが多い。また、体調を崩す高齢者が、救急外来に数多く集まり、救急病床が高齢者でいっぱいという病院も少なくない。入院期間も長い。さらに、病院で亡くなる人の割合が増加している。病院での看取りの増加は、医療者の負担を増やすことになる。一九五一（昭和二六）年において医療機関（病院・診療所）で亡くなる人の割合は一一・七％（九万七、七一六人）であった。医療機関で亡くなることは贅沢であった。しかし、二〇一一（平成二三）年には七八・五％（九八万三、九四八人）に達し、医療機関で亡くなることは当たり前になった。高齢者を中心とした医療需要は確実に増大している。

（四）インフォームドコンセントの考え方の普及や女性医師の増加

インフォームドコンセントの考えが広まり、患者への十分な説明と同意が必要になっているほか、書類の作成など、医師がおこなう事務も増えている。また、女性医師の増加は、患者にとって選択の幅を広げるメリットもあり、男女共同参画の観点からも当然のことである。しかし、女性医師の場合、出産や子育てをする一定の期間、医療現場から離れたり、長時間の勤務が困難となることも多くなる。残念ながら、相当数の病院が、男性にとっても女性にとっても、子育てしながら働くことができる環境になっていない。

（五）ハードな勤務状況

その結果、医療現場で働く医師の勤務環境はハードな状況にある。二〇〇六年の厚生労働省の「医師の需給に関する検討会」に提出された「医師需給に係る医師の勤務状況調査（病院分）中間集計結果」によると、常勤医師一人一週間当たりの勤務時間の平均は六六・四時間。医師にも労働基準法の週四〇時間勤務が適用されるので、一週間で二六・四時間、一か月（三〇日で計算）で一一三時間以上、時間外に勤務をしていることになる。宿直後にそのまま家に帰らず働く、連続三二時間、四八時間勤務が当たり前という状況にある。長い労働時間と仕事のストレスが原因で、突然死や心の病になる医師も少なくない。

（六）住民（患者）の不理解

医療現場で献身的に働く医師に対して、住民（患者）の理解は低い。医療をコンビニ感覚で使う。昼間仕事があるからといって夜診察に訪れる。救急車をタクシー代わりに使う患者も少なからずいる。医師や看護師へ暴言や暴力をふるう患者も存在する。自治体病院は、公の病院であることがマイナスに反映し、自分だけ良ければと医療を使う住民（患者）が少なくないのが現状である。

（七）新しい医師研修制度

このような中、二〇〇四年に新しい医師臨床研修制度が導入された。新しい研修制度は、新人医師が専門分野に進む前に、内科や小児科、地域医療など、臨床医としての基本を一通り身につけることを目的としたもので、一定の意義があるものであった。

問題は、当時の改革が、小泉内閣の医療構造改革の一環としておこなわれたことである。医学部の定員増加などの対応をおこなわず、過度に競争原理が導入された。研修先について、新人医師が研修を受けたい病院を選び、病院側の希望とつき合わせる「マッチング」という制度が導入された。その結果、研修医の相当数が都市部にある有力な病院で研修をおこなうことになり、大学医局に属さなくなった。大学医局は、所属する医師が減少したことから、これまで派遣していた病院から医師を引き揚げざるを得なくなった。とくに、地理的条件が悪く、常勤医師の雇用を大学医局からの派遣に頼っていた地方の病院が、医師引き揚げの影響を受けることとなった。

(八) 看護師不足

医師不足と並んで看護師不足も深刻な状況にある。とくに二〇〇六年の診療報酬改定で、「七対一の入院基本料金」が創設されたことは、自治体病院における看護師不足に拍車をかける結果となった。入院基本料金は、看護師一人あたりの患者の数(看護師の人数の多い方が手厚い看護をおこなえる=症状の重い患者に対応できる)と平均在院日数で決まる。従来は「患者一〇人に対して看護師一人」が入院基本料の最高であったが、新たに「患者七人に対して看護師一人」という基本料金が設けられた。二〇〇六年の診療報酬改定で七対一看護の入院基本料金は一五五五点=一万五、五五〇円で、従来の最高額に比べ一日三、四六〇円もアップした金額となった。千床規模の大病院では年間約一〇億円近くの増収になるといわれた。このため大学病院や有力病院を中心に、新しい入院基本料を取るために、若い看護師の争奪戦が起きた。結果として、若い看護師にとって魅力の少ない地方の病院では看護師を雇用しにくくなった。

三　病院の二極分化

　現在、わが国の医療現場で起きていることは、医療の高度・専門化に対応できる病院とできない病院の二極分化である。医療の高度・専門化は、手厚い医師・看護師、医療スタッフの雇用と最新の医療機器の整備などを必要とする。このような高度・専門化した医療に対応できる病院は一部の病院に限られる。高度・専門化に対応した病院は、医療スタッフや医療機器を効率的に使うために、できるだけ入院日数を短くし、大量の患者を病床の早い回転数で受け入れるようにする。患者の回転を早くして収益を上げ、その収益を医療の高度・専門化に投資するという流れをつくっている。逆に医療の高度・専門化に対応できない病院は、収益が上がらず、再投資の余裕がなくなり、さらに医療の高度・専門化の流れから遅れるという悪循環が生まれてしまう。

　さらに、病院の「二極化」は、医師や看護師などの医療人材について、人の集まる病院と集まらない病院の二極化を生んでいる。医療の高度・専門化は、医師の専門分野の細分化を生じさせた。多様な症状の患者に対応するためには、少ない専門分野の医師で診療をするよりも、多くの専門分野の医師で診療をした方が、間違いが少なく、的確な治療をおこなうことができる。複数の医師がかかわることで、緊急時の対応に余裕が生まれる。宿直の回数が少なくなる

図5－1　病床規模別一病院100床あたり常勤換算医師数の推移

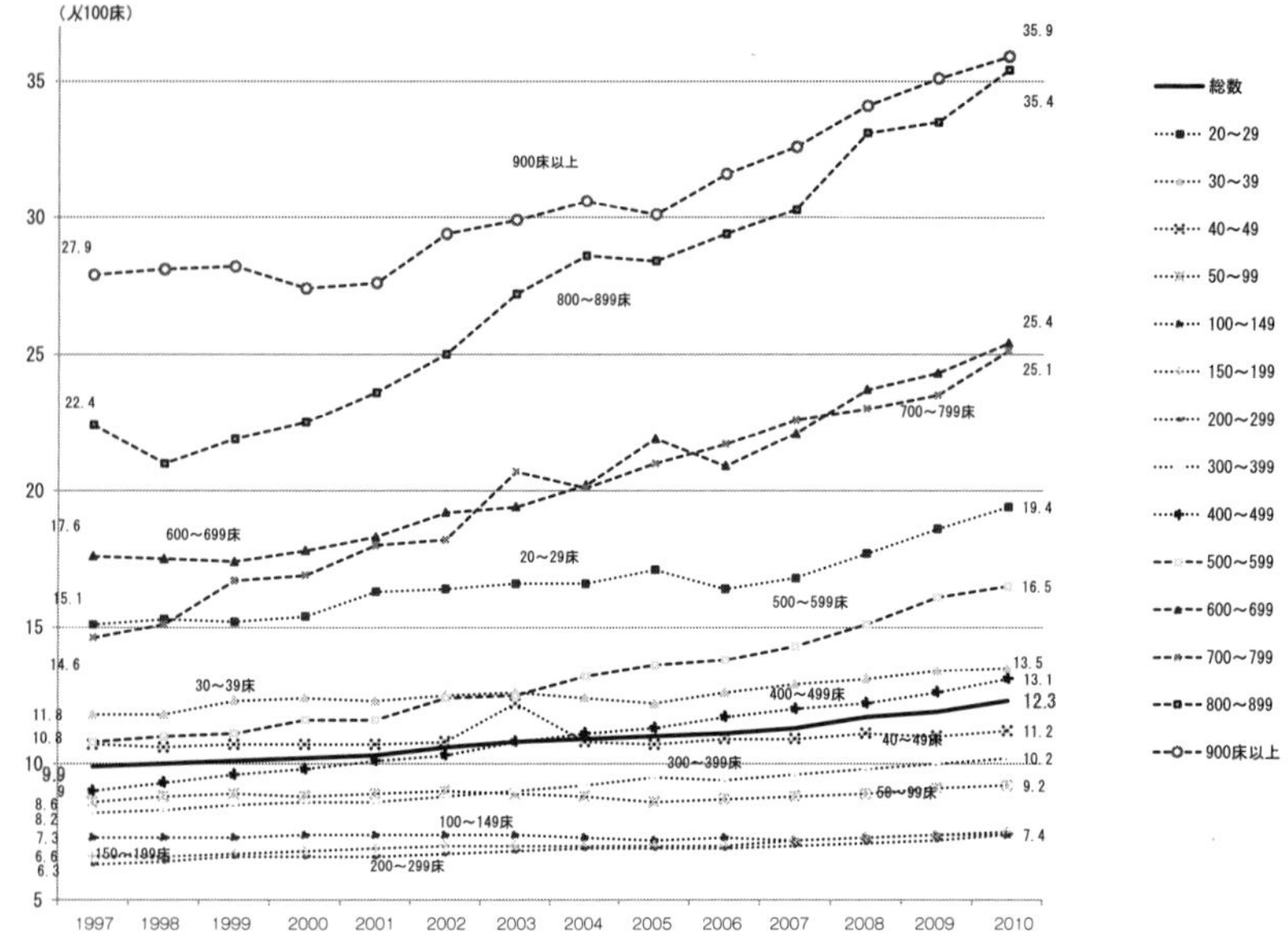

出所：厚生労働省医政局指導課「近年おこなわれた病院の合併・再編成等に係る調査研究」医療施設調査「病院報告」より作成

ことも大きなメリットになる。さらに、若い医師は、自らの医療技術を向上させることに最大の関心を持っており、学会の認定する専門医になることが目標となっている。専門医になるには、学会の専門医教育施設の認定を受けている必要がある。中小規模の病院は、専門医教育施設の認定を受ける余裕がないことが多い。結局、技術の向上が期待でき、専門医資格が取れる大きな病院には若い医師が集まり、中小規模の病院には集まらない二極化現象が起きている。図5-1は、病床規模別一病院一〇〇床あたり常勤換算医師数の推移であるが、病床規模が大きいほど医師数が増加する傾向がみられる

（例外として専門特化できる二〇～二九床の病院の医師数は増加している）。若い看護師も基本的に医師と同じく、自らの知識・技術を身につけるために、高度・専門化に対応した大規模な急性期病院に勤務する傾向が強い。

四　自治体病院のお役所体質

医師・看護師の不足に関し、自治体病院特有の問題も存在する。自治体病院を設置しているのは地方自治体である。しかし首長も含め、ほとんどの自治体の関係者は医療や病院経営については素人である。現場で働く医師や看護師の方々と話をしてみると、自治体の病院や医療に対しての理解のなさが、大きく現場スタッフのやる気を削いでいることが分かる。「現場に人が足りないのに、自治体一律の定数管理で必要な人員が配置されない」「箱ものばかりにお金をかけて、現場の医療スタッフにはお金をかけない」「病院マネジメントの要となる事務が短期間で異動してしまう。現場よりも本庁の方ばかりを向いている」「行政は医療スタッフの知識や技術の向上が必要という発想がない。学会や研修に行くのに嫌がられる」。現場で働く医師や看護師たちの嘆きである。

実際に、先に述べたように現場で働く医師・看護師の労働条件は過酷である。とくに医師については、労働基準法違反のほとんど寝ずに連続三六時間、四八時間働くような長時間労働について、行政は事なかれで、問題を先送りしてきた。労働基準監督署の是正勧告が出される自治体病院も少なくない。労働基準法違反が当たり前という異常な事態が全国の自治体病院で起きているのである。献身的な努力に対して認められることがあまりに少なく、過酷な勤務に疲れ果てて自治体病院から退職する医師・看護師が相次いでいる。

表5－1　公立A病院と民間B病院の職員数比較

2008年4月1日現在

	公立A病院	民間B病院
病床数	430	471
職員数	625	1434
常勤医師	81	133
研修医	19	－
歯科医師	0	4
看護師	315	519
助産師	15	27
准看護師	17	41
薬剤師	18	19
理学療法士	4	59
作業療法士	0	34
言語聴覚士	0	15
診療放射線技師	18	29
臨床検査技師	29	51
臨床工学技士	2	23
視能訓練士	2	1
保健師	0	10
社会福祉士	0	5
介護福祉士	0	20
管理栄養士	4	7
歯科衛生士	0	4
医療心理士	0	4

出所：筆者作成

しかし、多くの行政は、現場の疲弊を理解せず、職員定数抑制にばかり関心が向かっている。そもそも病院の場合、先に述べたように医療の高度・専門化により数多くの医療スタッフを必要とする。現在の診療報酬体系では、医療スタッフの配置をすることにより、診療報酬加算が認められ、収入増が図られるというかたちを取っている。人員抑制すると、医療加算を取ることができず、収益は頭打ちになる。しかし、自治体関係者はこのことを理解せず、「職員数は少なければ少ないほど良い」という地方自治体の「常識」（病院経営の世界では「非常識」）にとらわれている。

たとえば、表5-1は、西日本地域にある公立A病院と中部地域にある民間B病院の職員数の比較である。二つの病院は地域の中核医療機関として救急など同程度の医療を提供している。職員数を見ると民間B病院が圧倒的に多いことが分かる。A病院の医師定数は、一九七七（昭和五二）年以降抑えられていた。看護師も少ない人数で仕事をおこなわなければならず、疲弊した看護師が相次いで辞めて病棟の一部を閉鎖せざるを得なかった。理学療法士、作業療法士、言語聴覚士、診療放射線技師、臨床検査技師、臨床工学技士などの医療専門職の雇用についても採用が抑えられた。病院は一人理学療法士を雇用すれば一千数百万円の収益が上がるのに職員定数で採用できなかった。結果として、この病院の収支は悪化の傾向にあった。過剰な人員配置の抑制は、結果として、収益の伸びを抑えることになる。日本で最も経営の良い自治体病院のひとつである香川県の観音寺市にある三豊総合病院企業団はそもそも職員定数条例が存在せず、収益に対応して職員の雇用を図っている。経営状況も良好で、二〇一〇年度の地方公営企業年鑑で約九三億円の現金を有していた。三豊総合病院企業団では、新病棟の建設をおこなったが、建設費は手持ちの現金と補助金でまかなった。しかし、このような病院は例外である。

かつては、自治体病院も地域の基幹病院というブランド力から、医師・看護師に人気があった。しかし、今では、医師・看護師の仕事に対して理解のない職場として人気がないのが現実である。

五　質の高い病院経営に必要なもの

そもそも、質の高い病院の運営に何が必要か。質の高い自治体病院の経営を実現するために必要なことを三つのレベル（設置者レベル、運営責任者レベル、現場職員レベル）に分けて考えてみたい。

「設置者レベル」は、病院の運営の健全性、安定性を確立するための地域のシステムのレベルと言い換えても良い。病院の運営責任者のほか、病院の設置主体である地方自治体や議会、住民（患者）が主な担い手になる。自治体病院の運営が健全におこなわれ、地域にとって必要な医療が安定的に提供されるために、それぞれの関係者に役割に応じて具体的な権限と責任が与えられている。自治体病院を運営する運営責任者が置かれ、病院の運営に関しての権限が与えられると同時に責任を負う。運営責任者は、地域の医療の実態をふまえた上で、病院の進むべき方向性を明確に示す。病院の設置主体である自治体本体や議会、住民（患者）は、病院への敬意を持ちつつ、運営責任者との間で、これからの地域の医療や病院の運営のあり方について議論がおこなわれる。議論に関して質の高い意思決定をおこなうため、関係者は医療について良く勉強をした上で、責任を持った発言をおこなうことが必要となる。

「運営責任者レベル」は、自治体病院の持つ潜在価値を最大限に活かすため、病院の管理者層がおこなう各種の経営行動のレベルである。運営責任者や各部門の責任者が主な担い手になる。運営責任者や部門責任者は、自らの権限と責任を持って、病院が能率的、効率的に運営できるように知恵を絞る。病院全体が一つの方向性を持って運営されるために、進むべき方向が示される。運営責任者や部門責任者のリーダーシップが確立され、迅速、的確な意思決定がなされる。メリハリのついた資源配分がおこなわれ、必要な部門に対して迅速、的確に人員や予算が投入される。能力ある人材が積極的に登用される。絶えず新しい医療知識や技術を取り入れ、病院経営を支える経営手法も積極的に導入されることも必要である。

「現場職員レベル」は、医療現場での業務の運用を、可能な限り能率的・効率的におこなっていくかのレベルである。各部門の責任者、現場職員が主な担い手になる。一人ひとりの職員が、いかにやる気をもって仕事に取り組むことができるかが重要なポイントとなる。起きている問題を、他人のせいにせず、自らの問題と考えて行動する。部門間にあるセクショナリズムをなくす。おかしいと思ったことはすぐに改善する。経営指標に関心を持ち、コスト意識を持つ。絶えず新しい医療知識や技術について学ぶ文化を持つことなどが重要となる。

しかし、現実の自治体病院は、このような理想からほど遠い状況にある。設置者レベルの問題について考えてみれば、「運営責任者が置かれ、権限と責任が与えられる」ということに関して、そもそも自治体病院の運営責任者は誰なのか。設置者である首長なのか、病院の長たる医師なのか。首長が権限を持って病院の運営をおこなうというのは実際不可能である。病院の長たる医師は、医療については責任を負うが、病院の運営については権限も責任も与えられていない場合が多い。人事や予算については、自治体本体の人事課や財政課などの管理セクションが力を持ち、現場である病院に権限を与えられていない。

「病院への敬意」についても、かなりの自治体関係者（行政職員、議員）や住民は、医師や医療スタッフを、医療をする「モノ」として考えており、生身の人間が医療を提供しているという意識は少ない。「医療について良く勉強をした上で、責任を持った発言をおこなう」ことについても、ほとんどの自治体関係者（行政職員、議員）や住民は勉強をしない。たとえば、一～二人の医師に二四時間三六五日の救急医療を求めるなど、できない要求をする。医師が減っても、医師のことを考えず、ただ現状を維持することだけを求める。

運営責任者レベルではどうか。病院全体が機能的に運営されるために、「病院の進むべき方向が示される」べきであるが、一つの方向を示すということは、現状を変えることにもつながるため、現状維持を望む関係者の抵抗が大きく、なかなか示せない。「運営責任者、部門の責任者のリーダーシップ」については、運営責任者の権限は不明確で、部門の責任者についても能力よりは年功序列で人事がおこなわれている。リーダーシップを発揮する人がいないか、いても発揮しにくい状況にある。ルールや過去の慣習に縛られ、「迅速、的確な意思決定」がなされにくい。「スピード感を持った資源配分」も、一度ついた予算や人員は簡単に変更できない。既得権に手をつけられない。「新しい医療知識や技術の導入」も、ハードにはお金を使ってもスタッフの技術や知識の向上というソフトにはお金が使われにくい。「人材の登用」も、外部からの人材登用の難しさや、組織の「昇任までに、現在の職位を何年経験しなければならない」というルールが優先し、優秀な人材を登用できない。「最新の経営手法」も、自治体病院の事務職員の多くは医療の素人で、数年で異動する。このような現状では、積極的に導入していくことは難しい。

現場職員レベルではどうか。「起きている問題を、他人のせいにせず、自らの問題と考えて行動する」については、自分は被害者という意識が強く、すべて他人のせいにする。自分の問題と考えて、みずから動こうとしない。「部門の間のセクショナリズムの打破」についても、部門の間の壁は厚く、超えることは非常に難しい。スタッフはバラバラで、共通の意識を持とうという考え方は少ない。「おかしいと思ったことはすぐに改善する」ことについても、前例踏襲が蔓延し、一人ひとりのスタッフがおかしいと考えても変えることができない。既得権に固執する。自由に仕事の話をする雰囲気が存在しない。「経営指標に関心を持ち、コスト意識を持つ」についても、経営状況には関心がない。ほとんどのスタッフが病院はつぶれないと考えている。「新しい医療知識や技術について学ぶ文化」については、勉強しないスタッフも多いし、それが当たり前になっている病院も多い。

六 自治体病院の存在意義

そもそも自治体病院は必要なのであろうか。二〇一一年度の地方公営企業年鑑によると、自治体病院に対し、地方自治体本体から、収益的収入（損益計算書レベル）として約五、三七六億円が、建設改良のための企業債の償還等に充当される資本的収入（貸借対照表レベル）の約一、九四二億円を合わせた地方自治体本体からの繰入金は七、三一八億円に及ぶ。このような一般会計繰入金に対する批判の声も少なくない。自治体病院にだけ、多額の補助金が入っているのは、イコールフッティング（対等の条件）ではないという考えから、民間病院と競合しているような自治体病院は廃止すべきという意見もある。

病院数では日本全体の病院数八、五六五院の一一％である九六二院しかない自治体病院であるが（厚生労働省二〇一二年医療施設（動態）調査）、表5-2のように救命救

表5−2　自治体病院の占める割合

	全国	うち自治体	割合	調査時点
救命救急センター	256	93	36%	2012. 12. 1
小児救急医療拠点病院	28	13	46%	2011年度
基幹災害医療センター	59	31	53%	2012. 4. 1
地域災害医療センター	598	249	42%	2012. 4. 1
都道府県がん診療連携拠点病院	51	20	39%	2012. 4. 1
地域がん診療連携拠点病院	346	126	39%	2012. 4. 1
総合周産期母子医療センター	92	34	3七%	2012. 4. 1
地域周産期母子医療センター	284	111	39%	2012. 4. 1
へき地医療拠点病院	281	180	64%	2012. 4. 1
第一種感染症指定医療機関	36	26	72%	2012. 4. 1

出所：全国自治体病院開設者協議会HP「調査資料」（2014年３月９日閲覧）
http://www.jmha.or.jp/conf/activity/activity15.html

郵便はがき

料金受取人払郵便

神田局
承認

6052

差出有効期間
2015年8月
31日まで

切手を貼らずに
お出し下さい。

101-8796

537

【受　取　人】

東京都千代田区外神田6-9-5

株式会社**明石書店** 読者通信係　行

お買い上げ、ありがとうございました。
今後の出版物の参考といたしたく、ご記入、ご投函いただければ幸いに存じます。

ふりがな お名前	年齢	性別
ご住所　〒　　-		
TEL　(　　)　FAX　(　　)		
メールアドレス	ご職業（または学校名）	

＊図書目録のご希望	＊ジャンル別などのご案内（不定期）のご希望
□ある □ない	□ある：ジャンル（　　　） □ない

書籍のタイトル

◆本書を何でお知りになりましたか？
□新聞・雑誌の広告…掲載紙誌名[ ]
□書評・紹介記事……掲載紙誌名[ ]
□店頭で □知人のすすめ □弊社からの案内 □弊社ホームページ
□ネット書店［ ］ □その他[ ]

◆本書についてのご意見・ご感想
■定　価 □安い（満足） □ほどほど □高い（不満）
■カバーデザイン □良い □ふつう □悪い・ふさわしくない
■内　容 □良い □ふつう □期待はずれ
■その他お気づきの点、ご質問、ご感想など、ご自由にお書き下さい。

◆本書をお買い上げの書店
[市・区・町・村 書店 店]

◆今後どのような書籍をお望みですか？
今関心をお持ちのテーマ・人・ジャンル、また翻訳希望の本など、何でもお書き下さい。

◆ご購読紙 (1)朝日 (2)読売 (3)毎日 (4)日経 (5)その他[新聞]
◆定期ご購読の雑誌［ ］

ご協力ありがとうございました。

ご意見などを弊社ホームページなどでご紹介させていただくことがあります。 □諾 □否

◆ご 注 文 書◆ このハガキで弊社刊行物をご注文いただけます。
□ご指定の書店でお受取り……下欄に書店名と所在地域、わかれば電話番号をご記入下さい。
□代金引換郵便にてお受取り…送料+手数料として300円かかります(表記ご住所宛のみ)。

書名	冊
書名	冊

ご指定の書店・支店名	書店の所在地域 都・道 府・県 市・区 町・村
	書店の電話番号 （ ）

急センター（二五六病院）の三六％（九三病院）、基幹災害医療センター（五九病院）の五三％（三一病院）、総合周産期母子医療センター（九二病院）の三七％（三四病院）、へき地医療拠点病院（二八一病院）の六四％（一八〇病院）などを占める（全国自治体病院開設者協議会の調査）。

「自治体病院の立地する地域の国民健康保険の医療費地域差指数が低い」というデータも存在する。たとえば、千葉県は、二〇〇七年度の国保医療費の地域差指数（各市町村の国保医療費を比べるため、年齢構成の違いによる給付費の高低の影響を除去し、全国平均を一として表した指標）が全国一低い県であるが、自治体病

図5－2　自治体病院数の割合と国民健康保険の地域差指数

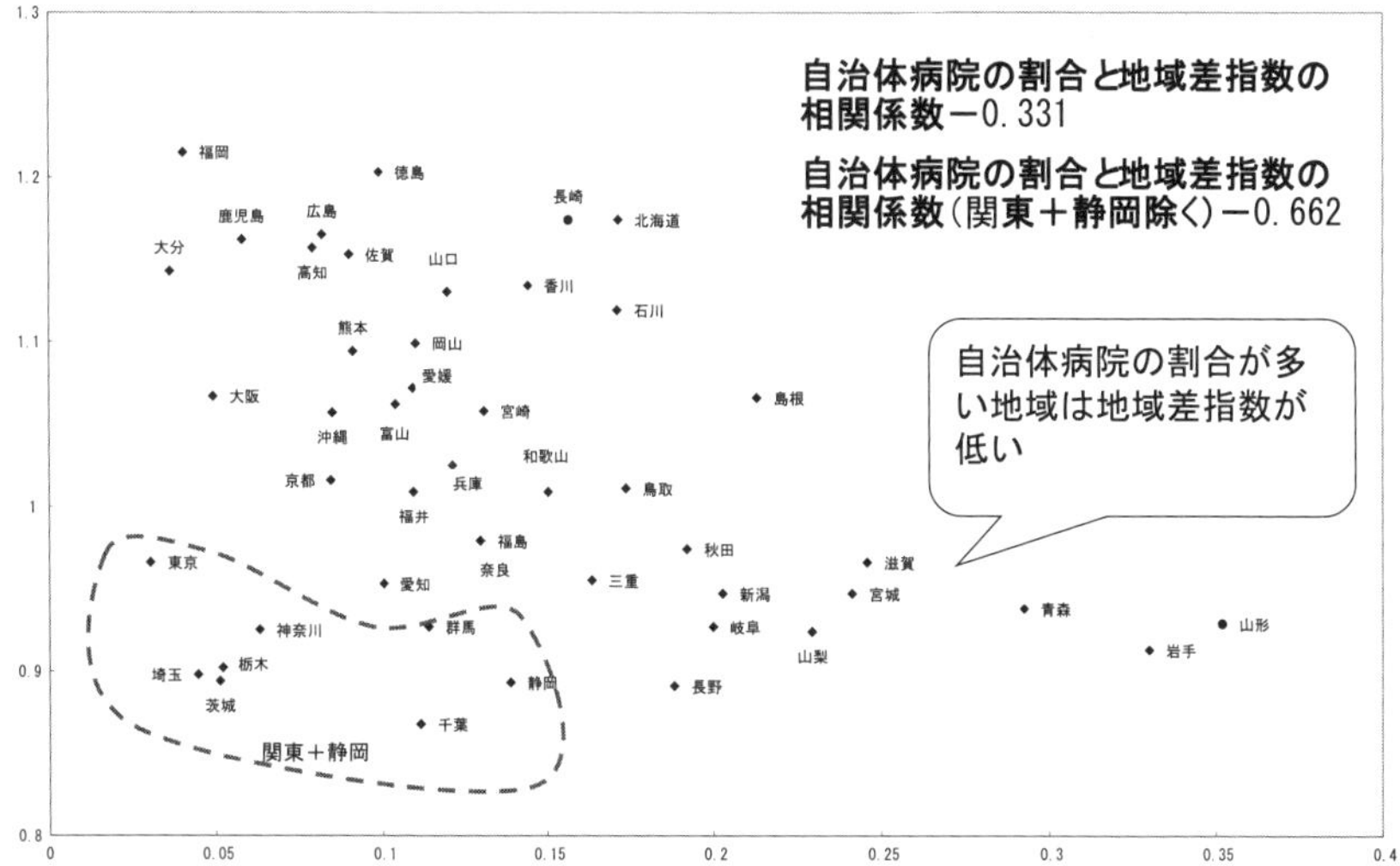

出所：地域差指数については厚生労働省「医療費の地域差分析（2007年）」、病院の割合については厚生労働省「医療施設調査（2007年）」を基に筆者作成

院が立地する自治体の地域差指数の平均〇・八五四に対して、自治体病院の立地していない自治体の平均は〇・八八二である。全国の自治体病院を代表する国保旭中央病院の立地する旭市の地域差指数が〇・七三二と千葉県で二番目に低くなっている（全国では一五位）。

図5-2は、都道府県の国保医療費の地域差指数と自治体病院の割合を相関させたグラフである。自治体病院の割合の高い地域は、地域差指数が低い傾向が存在する。民間病院の割合が高くなることで医療費の支出が多くなる傾向が読み取れる。このように、自治体病院の割合が高く、国保医療費の地域差指数が低い地域（医療提供体制の薄い東日本地域が多い）では、自治体病院は一般会計からの繰入金の削減を第一とするよりも、地域で必要な医療を提供することを第一とすべきである。自治体病院の割合が低く、国保医療費の地域差指数が高い地域（医療提供体制が充実した西日本地域が多い）では、民間病院の独占による医療費の高騰を抑制するため、一般会計からの繰入金をできるだけ抑制しつつ、医療費の無駄の少ない標準的な医療をおこなうことが必要となる。地域によって自治体病院の果たすべき役割は異なると考える。

自治体病院に対する一般会計からの繰出金を減らすため、民間医療法人に病院の運営を譲渡ないしは指定管理者として委託をした結果、自治体本体からの支出は減ったものの、逆に民間医療法人が経営を維持するため過剰な医療をおこない、結果として国保医療費が増え、国民全体としての負担が増えるという可能性も存在する。医療に関する財政の支出をトータルで考えるべきである。

「行政の医療・福祉・健康づくり政策との連動のしやすさ」は、地方自治体が直接病院を運営することの利点であろう。高齢社会が進む中で、自治体病院を持つ自治体が、先駆的に福祉や健康づくり部門の関係者と連携して高齢者の生活を支える試みをおこなっていく必要がある。実際、自治体病院によっては、福祉や健康づくりと連動して地域の医療を支える「地域包括ケア」を実践し、成果をあげてきた歴史がある（そのことが国保の医療費の安さにもつながっている面がある）。

さらに、自治体病院の役割として「バッファー（緩衝器）」としての役割があると考える。いくら医療制度を精緻につくっても制度のすき間はできる。そのすき間を埋めることが必要である。その例として、新型インフルエンザや災害など突発的な事件、外国籍住民やお金のない住民の医療、診療報酬制度の貧困による採算性の合わない患者の救済、介護者のいない高齢者（福祉の貧困による社会的入院）などがある。今回の東日本大震災などの災害時も、地域に展開している自治体病院は、多くの患者の受け皿となった。バッファーの役割は、自治体病院だけでなく、済生会や赤十字などの公的病院や一部の民間病院によっても積極的に担われている。自治体病院は、数も多く、その公的な意義から、バッファーとしての役割を多く担っている。バッファーがなくなると、行き先がなくなり困る人がでてくる。その一方、バッファーに頼りすぎると、利用者のモラルハザード（倫理の欠如）が生まれやすく、医師の疲弊による退職や病院財政の破綻など、病院の存在そのものを揺るがすことになる。

さらに言うならば、「民間法人の独占の排除」という視点もある。極論を言えば、本当に自治体病院をなくし、すべてオーナー経営の民間医療法人に医療を委ねてよいのであろうか。オーナー経営の民間医療法人も優れたマネジメントで質の良い医療を実現している法人もあれば、経営者の恣意的な運営で、利益優先に走りがちな法人もある。今、優れたマネジメントを実現しているオーナー経営の民間医療法人も、二〇年もすれば代が変わる。社会医療法人となって経営の透明性を高める動きがあるが、社会医療法人になっても「〇〇家」というオーナー経営の色彩が払拭されるかと言えば疑問もある。すべてオーナー経営の病院になれば、行政が政策誘導できない危険性が存在する。

「自治体病院に勤務する職員のモチベーション」の問題もある。多少給料が安くても、オーナー経営の病院がいやで、自治体病院だから勤務している医師も少なくない。無理に自治体病院をオーナー系の病院に経営形態を変える場合、モチベーションを下げた医師が大量退職する可能性も存在する。

その一方、「自治体病院は、赤字で当たり前」と自己変革を怠り、レベルの低い医療や病院経営をおこなっている自治体病院も存在する。筆者は、全国を回りながら厳しい経営環境で、一生懸命地域医療を支えているオーナー系の民間医療法人の関係者の話を伺うこともあるが、民間医療法人の経営努力に比べ「自治体病院の経営は甘い」という批判にも一理あると感じる。自治体病院も、本気になって病院経営の質を向上させていく必要があると考える。わが国の医療の質を維持するためには、自己変革をおこなった自治体病院（これは当然必要である）を含めた様々な経営主体が混ざって切磋琢磨することが適当であると考える。

七　地域医療再生に必要なこと

それでは、地域医療崩壊の大きな原因である医師不足を解決するには何が必要か。医師不足問題は、様々な要因が複雑にからむ問題である。一つの要因だけを解決しても、その副作用というべき新たな問題が起きる可能性が高い。解決のための特効薬はない。一つ一つの問題要因に丁寧に対応していくことが必要である。

（一）医療機能の再編

医療の高度・専門化の流れから、限られた医師数で効果的な医療をおこなうためには、地域の病院の医療機能を再編することを検討せざるを得ない。たとえば、複数の一〇〇～二〇〇床規模の病院の医師や看護師などの医療スタッフを一つの中核病院に集める。残りの病院は病床数を大幅に減らし、場合によっては一九床以下の診療所と老人保健施設の複合施設にする。医療機関としての特徴を出し、若い医師が興味を持って研修できる場所とする。

医療機能の再編をおこなう場合に注意すべきは、職員の雇用が確保されることは当然であるが、現場で働く医師をはじめとする医療者の声を良く聞いておこなう必要があるということである。現場の声を聞かずに医療機能の再編を進めることで、かえって医療者がやる気をなくし、退職をする危険性がある。一＋一が二にならず〇・八になることもあるのが医療機能の再編である。自治体病院は、地域が長い時間をかけて育ててきた、「地域の誇り」と言える施設である。机上で考えたプランで簡単に再編できると考えるほうがおかしい。地域の住民が、地域の医療を存続させるために考えに考え抜いた結論として再編がおこなわれなければ、再編はうまくいかない。住民に対してきちんとした情報が与えられることが必要である。

(二) 医療機関の役割分担

中核病院に医療機能を集めても、医師たちの受入能力を超えて患者が殺到しては、中核病院の機能は麻痺する。専門医の集まる中核病院でおこなわれる医療は症状の重篤な患者の診療に限定していく必要がある。余裕ある勤務体制があって初めて良い医療が実現する。そもそも地域医療は、一つの地域で完結するのではなく、複数の地方自治体などで構成する医療圏を単位としている。また、一つの「中核病院」だけで完結するのではない。風邪など比較的軽い病気については、地域の「かかりつけ医」である「診療所」で診察をおこない、症状の重い病気については、「病院」で入院や手術を中心とした医療をおこなうなど、病院と診療所の「病診連携」を進め、地域で完結する医療を目指すことが必要である。

（三）医療・福祉・健康づくりの連携

地域の医療は、病院だけで完結できるものではない。医療・福祉・健康づくりについてバランス良く政策が展開されなければ、安心した老後は実現できない。医療・福祉・健康づくりが一体となり、医療に過剰な負担をかけない地域をつくるべきである。このことにより、医療者の負担を軽減させ、医療者が納得して仕事ができる地域や職場環境を実現することができる。医療に予算を投入すべきであるが、それと同時に福祉に予算を投入することが必要である。地域の「安心」をトータルで考えるべきである。実際、自治体病院・診療所は、これまで福祉や健康づくりと連動して地域の医療を支える「地域包括ケア」を実践し、成果をあげてきた歴史がある。

なお、先に述べた、医療機関の機能を見直す場合、病床などが縮小される医療機関のことは後回しになり、あまり議論されないことが多い。見直しがされる医療機関は「ダメな医療機関」で「ダウンサイズして終わり」と考えられやすい。しかし、見直しがされる医療機関ほど、地域に住む高齢者のために、リハビリテーションや介護などの医療・福祉の機能を充実させていくことが必要である。「医療機能の再編」は、「医療・福祉機能の機能充実」であるべきである。

（四）総合診療医の養成――地域で医師を育てる

先に議論したように、医療の高度・専門化は、医師の診療科の細分化を生んだ。そして、これまで、全国の病院が医科大学から派遣を受けていた医師の多くは、臓器別に分かれた診療科の専門医であった。臓器別専門医から見れば、地方の中小規模の病院は、症例数も少なく、指導体制も充実していないこともあって、魅力に欠ける面があった。その一方、地方の中小病院の患者の多くは、人口が高齢化する中で、糖尿病や高血圧などの生活習慣病の患者が増大し、症状も複数の臓器にまたがるものが多くなっている。これらの患者については、特定の臓器だけを専門的に診るよりも、患者の生活習慣の指導も含めて、その人の体すべてを診ることのできる総合診療医（総合医・家庭医）が診療をおこなうことが効果的である。しかし、全国的に見ても総合診療医は不足している。医科大学でも総合診療医を養成するコースは一部にはあるものの絶対数が足りない。医科大学での総合診療医の養成をただ待つのではなく、地域の医療機関が、自ら総合診療医の養成をおこなっていく必要がある。

（五）住民は地域医療の「当事者」であることを自覚する

住民は、地域医療に関して「お客様」ではなく「当事者」である。医師という限りある人材資源を有効に使うため、住民も真に必要な場合に医療を使う必要がある。自分の体や病気について関心を持ち、病気になったら早めに昼間医療を受け、休日や夜間は真に必要な時だけ利用するという知恵を持つ必要がある。さらに言うならば、先に述べた、医療機能の再編、医療機関の役割分担、福祉や健康づくりとの連携、地域における総合診療医の養成についても、住民の地域の医療に対する意識を変え、積極的に協力をしていかなければ実現は難しい。

八　地域医療再生における「共感」の重要性

筆者は、医師不足問題解決における「共感」による行動の重要性を強く感じている。医療は、人が人に対しておこなうサービスである。現場で医療をおこなう医師がやる気を持って仕事できるようにしなければ、良い医療は実現できない。意見対立のなかで、とにかく「制度」を作り、人に「強制」すれば良いという考えもある。しかし、それは、どこかに矛盾としわ寄せが起きる可能性が高い。どのように精緻に「制度」を作っても、かならず制度の隙間《すきま》が生まれ、新たな問題を生じさせる危険性が高い。強制で生まれた隙間の犠牲者になるのは「弱い立場の人」である。現場で過酷な勤務に耐えている医師は、見方を変えれば立場の弱い人である。隙間を様々な関係者が埋めていかなければ、「制度」はうまく運用できない。隙間を埋めるには、すべての関係者が前向きに行動をおこなうことが必要である。関係者に「共感」がある方が、積極的な行動を期待できるし、「強制」による「反発」が強すぎると、人々の前向きな行動は期待できない。「共感」による人の積極的な行動が隙間を埋めるのである。「共感」による行動と反対の感覚に、「人のせいにする」感覚がある。「人のせいにする」ことで自らは動かないことを正当化してしまうのである。

九　地域医療の再生と民主主義の再生

地域医療再生の仕事で全国を回っていると、その地域の住民意識のレベルが、地域医療のレベルと連動していることを感じる。地域の財産である「自治体病院」は、既得権に安住する職員や気軽に軽症での休日夜間の受診をおこなう住民に見られるように、自分たちの都合の良いように使われやすい。自治体病院は、「お役所病院の病理」というべき、様々な問題を抱えている。危機的な状況にある自治体病院であるが、一部の地域では、医療の存続危機に直面し、住民(患者)を含めた関係者に、地域に医療を残そうという動きが起きている。自治体病院は、課題も多いが、地域の関係者全員がかかわる「公」の病院であるがゆえに、関係者が一つとなり、再生の試みがおこなわれる可能性がある。

さらに言うならば、民間病院を含めた日本の医療の再生がおこなわれるには、全国民の意識の変革が必要である。お金の削減一方ではなく、医療の現場に必要なお金が投入される。軽症での休日夜間の受診をなくし、限られた医師や医療スタッフ、施設などの医療資源を大切に使う。自分の命を守ってくれる医療者に人として当たり前の感謝と敬意を示す。国民一人ひとりが、日本の医療の問題を「人任せ」にせず、自らが医療を守る「当事者」であることを意識することが必要である。わが地域の医療のあり方を考える自治体病院の危機は、国民の医療に対する意識を変革する一つの突破口となる可能性があるとも考える。

これまでの地方自治体の政策は、図5–3のように、公共事業主導の地域政策が中心であった。経済が成長する中で、不足していた道路や河川、空港、産業基盤整備などの公共事業をおこなうことで、地域にお金が落ち、物質的に豊かになった。建設工事は、行政から一方的に降りてきた。まさに「お上」が地域に公共事業を施すという構造があった。住民は「お客様」でしかなく、住民自ら行動を求められることはなかった。住民それぞれが孤立し、行政に要求するだけであった。行政は、公共事業を推進するためにしばしば住民を分断して統治した。

これからの地方自治体の政策は、団塊の世代を中心とした急激な高齢者の増加に対応して、いかに地域の医療や福祉、健康づくり政策を提供し、地域の安定を図るかが重要な課題となる。とくに、地域医療は、医療者という第三の関係者が存在する。医療者は、住民や行政がすべて「人任せ」で働きがいのない場所であれば地域から立ち去るという性格を持っている。経済の成長は鈍化し、人材や財源という制約も存在する。住民や行政は、医療者と共に地域医療をつくっていく「当事者」として、一緒になって知恵を絞っていかなければならない。住民が「当事者」として地域医療を担うことで、医療者の限界も理解することができ、医療者への要望も妥当なものとなりやすい。このような地域をつくるためには、一部の住民だけが努力しても意味がな

図5−3　地域政策の構造の変化

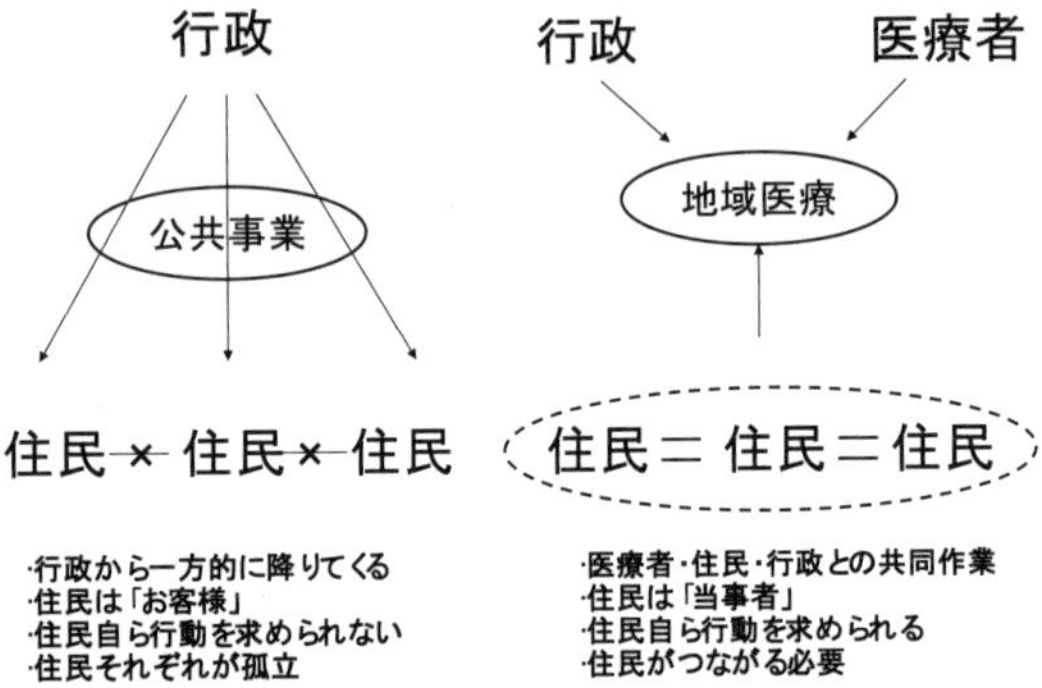

行政
公共事業
住民×住民×住民
・行政から一方的に降りてくる
・住民は「お客様」
・住民自ら行動を求められない
・住民それぞれが孤立
行政
医療者
地域医療
住民＝住民＝住民
・医療者・住民・行政との共同作業
・住民は「当事者」
・住民自ら行動を求められる
・住民がつながる必要

出所：筆者作成

い。住民全員が意識を変え、互いがつながり、行動していくことが必要となる。

　民主主義は、一人ひとりの人の意思の集まりによって意思を決定するという政治の制度である。しかし、民主主義を単なる多数決ととらえ、構成員が自分のことだけを追求して意思決定をする場合、衆愚政治に堕することになる。民主主義が機能するためには、意思決定の前提として、多様な意見を持つ社会の構成員が、お互いに譲り合いも含めて理性的な議論をおこなうことが必要となる。多様な意見を持つ構成員が、譲り合いの気持ちを持ちながら議論をすることは難しいことだ。とくに、医療という問題は、住民にとって個人のエゴが最も出やすく、意見も対立しやすい問題である。しかし、意見の違いを乗り越えて、相手の立場を考えて議論ができなければ、医師不足の問題は解決しない。住民が、すべてを行政任せにせず、自ら考え行動していくことが必要である。
逆に言えば、筆者は、地域医療の再生のための議論を通じて、地域の民主主義の質を上げる可能性もあることを感じている。住民を含めた関係者は、自分や家族の命を守る医療のことであるから真剣に考えざるを得ない。意見の違いを乗り越えて議論ができなければ、地域に医療が残らないのである。

【文献】

伊関友伸（二〇〇七）『まちの病院がなくなる!? 一地域医療の崩壊と再生』時事通信社
伊関友伸（二〇〇九）『地域医療　再生への処方箋』ぎょうせい
伊関友伸（二〇一〇）『まちに病院を！　住民が地域医療をつくる』岩波ブックレット
伊関友伸（二〇一一）「自治体病院の存在意義はどこにあるのか」『病院二〇一一年三月号（Vol.70 No.3)』一七四～一七九頁
伊関友伸（二〇一三）「自治体病院の存在意義と経営形態の変更」『都市問題二〇一三年一一月号』九一～一〇四頁
伊関友伸（二〇一四）『自治体病院の歴史 住民医療の歩みとこれから』三輪書店
ＯＥＣＤ「ＯＥＣＤヘルスデータ二〇一三」
厚生労働省「医療施設（動態）調査（二〇一二年）」
総務省「地方公営企業年鑑（二〇一一年度）」

総務省「公立病院改革プラン実施状況等の調査結果（二〇一二年度）」

第六章
日本における社会的企業の現状と課題

大門正彦

一　はじめに

日本社会の貧困や雇用、社会的孤立といった社会的リスクの増大などを背景として、社会的包摂の取り組みが重要性を増す中で、その主体となる社会的経済とその中心であるサードセクターが注目されている。

二〇〇九年に誕生した民主党政権においては、「『新しい公共』円卓会議」に引き続いて、「『新しい公共』推進会議」が設置され、「新しい公共」宣言や寄付税制の改革など、欧米並みの法制度の確立に向けた議論が進められたが、自民党安倍政権への政権交代により、そうした動きも頓挫しつつある。

しかし、三・一一東日本大震災における被災地支援や復興支援、社会的ハンディを背負っている人々への支援や、過疎や高齢化が進行する地方の地域活性化など、すでに全国の様々な地域でサードセクターが活躍しており、これからの日本社会においてサードセクターの重要性がますます高まることは明らかである。日本のサードセクターは、欧米と比べ政策・制度面で遅れており、支援体制が不十分であることや、法による分断があること、小規模な団体中心で資金や体制が不十分であることなど様々な課題を有しており、直面する課題について早急な対策が望まれる。

このため、二〇〇五年に発足した社会的企業研究会[1]における国内の様々な社会的企業の事例研究等をふまえ、サードセクターのなかでも、一九七〇年代から欧米とは別の独自の歴史を持ち、今日改めてその存在意義が確認されつつある社会的企業に焦点を当て、現状や課題について検証する。

二 社会的企業とは何か

(一) 日本における社会的企業の概念

社会的企業は、その類語として、コミュニティビジネス、ソーシャルビジネス、市民事業、社会的起業家(企業家)といった多くのことばがあるように、多様な概念で語られており、サードセクターやNPO、協同組合などとの関係もあいまいである。

藤井(二〇一〇:二〇一三)によれば、日本では、一九七〇年代から社会的使命を有し実質的に利益を配分しない、あるいは民主的参加を旨とする事業組織は存在していたが、その概念を巡っては多くの差異や対立をはらみ、多様な意味合いで解釈されてきており、①企業サイド、②政府（行政）サイド、③サードセクターの現場サイドという大きく三つのアプローチから、その特徴を次のように整理することができる。

企業サイドからのアプローチでは、主な研究者は最も米国の社会的企業論（とりわけディーズ等を中心としたビジネス・スクール）の影響を受けており、①事業型ＮＰＯ、②社会志向型企業、③営利企業による社会貢献をすべて包摂したものとして幅広くとらえ、ＣＳＲや営利企業形態の社会的企業を重要視しているところに特徴がある。彼らの社会的企業には、一般の営利企業における、何らかの意味で社会的な付加価値を有する新しいマーケットの創出という側面も含み、何らかの社会的目的が当該組織によって奉じられてさえいれば、「社会性」の根拠としてとらえられている。

一方、サードセクターからのアプローチでは、市民事業やコミュニティビジネスといったことばの連続線上で語られているが、そうした中で「社会的企業」という用語を積極的に用いているのは、「貧困ビジネス」との対比で、社会的排除問題の解決に携わり、雇用創出や就業訓練を射程に入れた活動を展開している市民団体である。社会的に排除された人々に対して、精神的な溜め（自尊心の回復）や人間関係上の溜め（居場所としてのコミュニティ）の形成を支援しながら、多様なエンパワーメントをおこなう事業体としての社会的企業というイメージであり、こうした社会的企業観は、社会的に排除された人々の社会的包摂を志向する欧州の社会的企業観ときわめて近い。

また、政府（行政）サイドからのアプローチでは、二〇〇四年の『平成一六年版国民生活白書』以降、社会的企業を「新しい公共」の担い手として積極的に位置づけ始めているが、経済産業省のソーシャルビジネス研究会報告書（二〇〇八）やソーシャルビジネス推進研究会報告書（二〇一一）にみられるように、中央府省における議論の多くは企業サイドからのアプローチと非常に親和性が強く、社会的企業やNPOを「新しい公共」の担い手として位置づけ、公的資金を投入しないで済む市場的アクターとしてとらえようとする傾向があると指摘する（藤井二〇一〇：二〇一三）。

経済産業省のソーシャルビジネス研究会報告書（二〇〇八）によれば、ソーシャルビジネスの定義は、①社会性（現在解決が求められている社会的課題に取り組むことを事業活動のミッションとすること）、②事業性（①のミッションをビジネスのかたちに表し、継続的に事業活動を進めていくこと）、③革新性（新しい社会的商品・サービスや、それを提供するための仕組みを開発したり、活用したりすること。また、その活動が社会に拡がることを通して、新しい社会的価値を創出すること）という三つの要件を満たす主体としている。

さらに、ソーシャルビジネス推進研究会報告書（二〇一一）では、NECや損保ジャパンを事例に取り上げ、企業のCSRやBOPビジネスの推進などの状況をふまえ、「ソーシャルビジネス」を事業、「ソーシャルビジネス事業者」を主体としてとらえ、「ソーシャルビジネス事業者」については、「対価収入積極獲得型」と「非営利資源積極活用型」に分類しているが、基本的な定義は変わっていない。

民主党政権下の「新しい公共」の議論においても、『「新しい公共」宣言』[2]のなかで、「国民に対して」と同様に、「企業に対して」期待を述べていることや、各行政分野における「新しい公共」の担い手の活動状況[3]の分類においても、ソーシャルビジネス事業者のなかに「社会的企業家」「社会的企業」を位置付けていることから、政府（行政）サイドの基本的認識にとくに変化はみられない。

（二）社会的企業の類型

このように日本における社会的企業の概念は幅広く、ある意味で混乱しているが、宮本（二〇一二）によれば、社会的企業は、①事業型、②連帯型、③支援型に分類される。「事業型」社会的企業とは、社会的起業家が、出資者の意志に強く制約されることなく寄付金や社会的金融を活用でき、事業的自律性が高い。アングロサクソン型社会的企業がほぼこれに相当する。日本においては、企業や政府（行政）のソーシャルビジネス事業者のイメージと重なる。

「連帯型」社会的企業とは、労働者が比較的高い自律性をもち、民主的な意志決定に基づいて事業を遂行するイタリアの社会的協同組合のA型[4]や、多くのアソシエーションが相当する。日本においては、参加者全員が出資者で、自らが労働すると同時に直接民主制により経営に参加できる事業形態であるワーカーズ・コレクティブや労働者協同組合（ワーカーズ・コープ）

等が該当する。

「支援型」社会的企業とは、欧州型社会的企業のなかでも、社会的弱者を構成員の少なくとも一部としてその社会的経済的自立を支援する機能を組み込んでおり、イタリアの社会的企業B型[5]や韓国の社会的企業育成法が対象とする社会的企業が相当する。日本においては、障害のある人もない人も対等な立場でともに働く共同連などが該当する。

本来この三つの類型に属する社会的企業は、それぞれ適材適所で最適な部分を担う必要があるが、残念ながら自民党政権はもとより、民主党政権においても、想定の中心は「事業型」社会的企業であり、「連帯型」社会的企業や「支援型」社会的企業を想定した議論や施策は不十分であった。

なお、こうした三つの類型を整理すると表6－1にまとめることができる（宮本 二〇一二、社会

表6－1　社会的企業の三つの世界（宮本太郎作成）

	制度的特徴	ガバナンス	組織の焦点	日本における法制化の運動・提起	外国における事例
事業型社会的企業	資金調達の容易さ、起業家のイニシアティブ発揮	市場が軸、ＮＰＯとミッション企業のハイブリッド	社会的起業家のイニシアティブ、高い事業性	『社会事業法人』	英国・コミュニティ利益会社ＣＩＣ
連帯型社会的企業	マルチステークホルダーと労働者のイニシアティブ	連帯と互酬、ＮＰＯと協同組合のハイブリッド	労働者のイニシアティブ、中程度の事業性	「労働協同組合法」	イタリア・社会的協同組合Ａ型、ドイツ・エーファウ
支援型社会的企業	就労に困難を抱えた人々の支援、一般労働市場への架橋	再分配を含む（補助金、随意契約など）	ヴァルネラブルな人々の自立、中程度あるいは低い事業性	「社会的事業所促進法」	イタリア・社会的協同組合Ｂ型、韓国認証社会的企業

政策学会第一二五回大会宮本報告、第一五回新しい社会システム研究会宮本報告）。

三　社会的企業の現状と課題

政府が想定する社会的企業は、いまだに「事業型」に偏っているが、「居場所と出番のある社会」[6]を形成するためには、「連帯型」社会的企業や「支援型」社会的企業の形成や発展が欠かせない。しかし、日本における社会的企業については、「事業型」も含めて多くの課題が残されている。

（一）法制度の不備

栗本（二〇一三）によれば、日本の法人制度は法人法定主義によって特徴づけられ（民法三三条）、会社以外の法人の法人格は根拠法に基づく官庁の行政処分（許可、認可、認定、認証など）によって創出されるばかりでなく、法人設立後の法人の活動も監督官庁による監督・検査の対象となる。また、法人格は税制とリンクしており、特定の法人類型に法人税の特別措置が適用されている。非営利組織についても一般法は存在せず、一〇を超える民法の特別法のもとで監督官庁の許可、認可、認証によって法人格を与えられている。たとえば、社会福祉法人や医療法人は厚生労働省、学校法人や宗教法人は文部科学省が監督官庁であり、一般および公益の社団法人・財団法人やNPO法人は内閣府が管掌である。

また藤木（二〇一三）によれば、二〇〇六年の公益法人制度改革で生まれた一般社団法人と一般財団法人は、一定の要件で行政の許認可なく設立できる準則主義であること、二人から設立できること、公益目的事業が非課税となること、基金制度があることなど、これまでと比べて社会的企業が利用する上で評価できる点もあるが、非営利法人であっても収益事業・その他事業については税制上の優遇措置はないことや、寄付控除やみなし寄付金制度がある公益社団法人および公益財団法人は、公益目的事業が五〇％を超える必要があり、法人格取得にはハードルが高い。

さらに、藤井（二〇一〇）によれば、そもそも日本では規制の強い縦割りの協同組合法であり労働者協同組合法がないことから、非営利性や民主的参加といったサードセクター組織が、欧米や韓国などのように、容易に取得し事業性を十分発揮できるような法制度が存在しない。このため、いわゆる社会的企業であっても、株式会社やNPO法人、合同会社、一般社団法人等、本来営利企業を想定した多様な法人格を選択したり、株式会社、合同会社とNPOといったかたちで、二つの異なる法人格を有する組織もある。営利企業であっても、社会的目的を奉じていれば社会的企業と位置付ける「事業型」社会的企業の拡大により、法人格だけでは社会的企業であるかどうかは判別できない。

日本の法人制度の不備については、「新しい公共」を支える法人制度のあり方に関する調査[7]

において、社会事業法人や社会的協同組合、社会的事業所などの提案についてヒヤリングをおこなっているが、こうした状況を解決するための新たな法人制度については、引き続き検討するという報告に留まっているのが現状である。

（二）法制定の動き

一方で、社会的企業の側からは、非営利性や民主的参加を軸として自らの事業性を担保し、容易に取得可能な法制度を求める活動が取り組まれてきた。ワーカーズ・コレクティブ[8]や労働者協同組合などが進める「協同労働の協同組合法」や、共同連が中心となって取り組む「社会的事業所促進法」の制定などの取り組みである。

①協同労働の協同組合法

非営利性や民主的参加を基本に、容易に取得し、事業性を十分発揮できるような法人格を求める「協同労働の協同組合法」の法制化運動に取り組んでいるのは、ワーカーズ・コレクティブや日本労働者協同組合連合会[9]である。

藤木（二〇一三）によれば、ＷＮＪと日本労働者協同組合連合会は、当初、出自が違うこともあり、それぞれの状況を参考にしつつも個別に活動していた[10]が、法制化実現のために、二〇〇七年から連携して、「『協同労働の協同組合法』の速やかなる制定を求める」請願の団体署名に取り組み、一年間で一万団体を超える署名を集めた。同時に国会議員への働きかけをおこない、二〇〇八年二月に、超党派の「（仮称）協同出資・協同経営で働く協同組合法を考える議員連盟」（会長坂口力）が設立された。当初九六名でスタートした議員連盟は、二〇一一年には二〇八名に拡大したが、二〇一〇年に公表された「協同労働の協同組合法案（要綱）」に対しては、民主党厚生労働議員政策研究会から六〇項目の質問が出され、労働組合などからも批判や懸念が示された。東日本大震災を経て、二〇一一年八月に、連合・労協・WNJからの意見もふまえて、民主党議員連盟の「要綱案」が承認されたが、その後の政局の混乱や民主党から自民党への政権交代により、法制化の動きは進展していない。

②社会的事業所促進法

「協同労働の協同組合法」が法人格を求めるものであるのに対し、困難を抱える人々に対して働く場や社会サービスを提供する事業体への支援を求めるものが「社会的事業所法」である。NPO法人共同連（以下共同連）[11]が中心となって取り組んでいる。

民主党政権のもとで設置された障害者制度改革推進会議の動向などをふまえ、共同連の呼びかけにより、二〇一一年一一月に「社会的事業所促進法案大綱」研究会が発足し、大綱案が、共同連のほか、ホームレス支援全国ネットワーク、日本労働者協同組合連合会、WNJ、ジャパンマック、日本ダルク本部による共同で提案されている。

また、院内学習会の開催や二〇一二年七月一二日には厚生労働省への法制定を求める要望書の提出などの取り組みが進んでいるが、協同労働の協同組合法案のような議員連盟の設立には至っていない（共同連ＨＰ）。

（三）「中間的就労」をめぐる動向

①「一般就労」と「福祉的就労」の壁

共同連の活動や社会的事業所促進法制定の取り組みの背景には、障害者就労が、労働法規が適用され一般の労働者と同じ扱いを受ける「一般就労」と、労働法規の提供を受けず単なる訓練、作業として低賃金で自立に至らない「福祉的就労」に二分され、「一般就労」に至らないが「働きたい思い（意欲）」を持つ障害者が、健常者と共に働き、地域で自立して生活するための基盤が欠けているという問題がある。

斎藤によれば、障害者雇用促進法による「一般就労」者は六五万人、障害者自立支援法による「福祉的就労」者は一七万人、非就労者一一七万人のうち、五七万人が一般就労を希望していると試算される[12]が、「一般就労」は、障害者法定雇用率未達成企業が半数以上という現実があり、中軽程度の障害でなければ就労が困難であることからハードルが高い。また、「福祉的就労」は、保護的・訓練的な側面が強く、公的資金が障害者の賃金補てんに使えないという問題がある。「一般就労」からは重度障害者が排除され、排除されない「福祉的就労」では十分な収入が得られないという大きな壁があり、社会的事業所促進法はその壁を乗り越えるための第三の道を目指している（斎藤 二〇一二および第四五回社会的企業研究会斎藤報告）。

② 「社会支援雇用」

「共同連」の「社会的事業所」の提案とは別に、二〇〇八年に全国社会就労センター協議会（以下セルプ協）[13]から、二〇一〇年には共同作業所全国連絡会（以下きょうされん）[14]から、「社会支援雇用」という提案がされている。「セルプ協」と「きょうされん」の提案は、欧州の「保護雇用」を参考に、障害者に対し賃金補てんと労働法規の適用を求める内容となっており、社会的・制度的に労働者として位置づけられていない障害者の現状認識や、自立支援法に反対の立場では共同連と共通するが、「一般就労」か「福祉的就労」かの二択しかない現状のなかで、「福祉的就労」の制度改善により、「一般就労」に近づけるという「社会支援雇用」の提案に対し、「社会的事業所」の提案は、「一般就労」と「福祉的就労」の間に第三の道（「中間的就労」）を作る必要がある、という考え方の違いがある。こうした違いは、障害者の差別を問題にし、社会就労センターや共同作業所を基盤とする「セルプ協」や「きょうされん」に対し、障害のある人とない人が共に働く共働作業所をベースに、障害者に限らず、労働市場から排除されている社会的にハンディを持つ人すべての人たちとの共働を目指す「共同連」との理念や基盤の違いから生じていると思われる。

こうした団体間の相違は、障害者自立支援法（以下自立支援法）への対応の際にも見られた。

③自立支援法への対応

米澤（二〇一一）によれば、二〇〇六年に施行された自立支援法に対して、社会的企業の対応は、①障害者と共同作業所への「負担の増加」から、利用者の利用の制限や安定的な経営が阻害されることを問題にして就労支援強化に反対した「きょうされん」、②障害者就労も市場経済のなかの競争を前提として、そのために自立支援法の就労支援強化を肯定した「スワンベーカリー[15]」、③就労支援強化は肯定するも、自立支援法が就労状況の改善を謳いながら実際には現状を追認するに留まると判断して、自立支援法の支援体制に反対した「共同連」という三つの対応に分かれた。

市場志向型の「スワンベーカリー」に対して、「きょうされん」は小規模作業所や授産施設の連合体であり、そこで働く障害者は、月一万円以下の給与が大半の「福祉的就労」に従事しており、社会活動的志向が強い。「共同連」も市場志向型であり、行政への依存性の高い「福祉的就労」には批判的であるが、一方で、個人の能力を重視し、障害者の労働能力向上を志向する「スワンベーカリー」に対して、共働による事業所単位での相互扶助による「反能力主義」という理念を掲げているという違いがある。

このように、同じ障害者関連の団体でありながら、主張や対応について違いがあることは、歴史的背景やよって立つ基盤が違うことから生じておりやむを得ない面はあると思われる。しかし、この違いが、「障害者関係団体の人たちとの間での根本的な違い」[16]であるかどうかはさておき、制度改正のための法制化や法改正には大きな政治的影響力が求められる中で、滋賀県の「社会的事業所」制度や箕面市の「障害者事業所」制度などの先進的な自治体の取り組みが拡がらないことや、法制定や制度改革が進まない要因の一つとなっており、どう克服するかが問われている。法や行政による分断の壁を乗り越えるためにも、団体間の相互理解と連携の構築が求められている。

④社会保障審議会における「中間的就労」

失業や病気、家族の介護など様々な社会的ハンディにより生活に困窮した人に対し、「一般就労」か「生活保護」かという二者択一ではなく、社会参加と就労支援のための新たな制度が必要との認識から、社会保障審議会特別部会において「中間的就労」について議論され、報告書[17]がまとめられた。

この「中間的就労」の考え方には、社会的ハンディを持つ人々が対象という点や、集合型で事業を実施する形態の事業主体も考慮されていることから、「共同連」等が提案する「社会的事業所促進法」における「中間的就労」と考え方が重なる部分はあるものの、相談支援や就労支援に重点が置かれ、「福祉から就労へ」の橋渡しのために軽易な作業等の機会を提供するものとされている。「共同連」等の提案が「継続就労創出型」[18]の「中間的就労」であるのに対して、社会保障審議会特別部会の議論は、「就労移行支援型」[19]と「生産活動社会化型」[20]の「中間的就労」と言えるだろう。

「中間的就労」のあり方についての委員の意見は、

・「中間的就労」は福祉施策の一環として、労働基準法制の適用外として柔軟に対応するかたちとするべき
・「中間的就労」は、①ケア付きとすることが必要であるとともに、②賃金労働ではなく参加に重点を置くべき
・現在おこなわれている「中間的就労」の対象者はニート、ひきこもりなど様々であり、就労支援の内容も多様であるため、雇用、労働ではなく、訓練と位置づけるべき
・現在の「中間的就労」には、一時的に有償ボランティアといった時期があり、次第に最低賃金をもらえるようになるといった、段階的に変化するかたちで実施されているものがあり、労働者として守るべきものは守ることを基本としつつ、労働者という位置づけにならない段階をきちんと位置づけるべき

などとなっており、基本的に「中間的就労」を「労働」から除外すべきという意見がほとんど

である。

「中間的就労」は、あくまでも「就労」の前段階の社会参加や教育・訓練の場であり、労働ではないとする意見は、「中間的就労」を雇用・労働と位置付ければ、労働法制、とりわけ最低賃金制度の適用が必要となるが、「中間的就労」の実態から困難であり、最低賃金制度の対象とならない「労働」を認めることは、二種類の「労働」が生まれ、「一般就労」の労働条件の切り下げにつながるという考え方が影響していると思われる。

確かに、就労支援を重視する参加・訓練の段階と、「働くこと」によって収入を得る「労働」の線引きは難しい。「福祉的就労」と「一般就労」の間に大きな壁が存在する中で、特別部会の議論が、「共同連」などが求めている第三の道ではなく、「一般就労」に至るまでの参加・教育・訓練の場として「中間的就労」をイメージしがちであることは理解できる。

しかし、「一般就労」を前提とした現行労働法制の立場に立ち、最低賃金制度の適用の有無によって「労働」に差をつけないために、「中間的就労」は「労働」ではないと位置づけることは、「労働」を「一般就労」に限定し、社会的ハンディを持つ人々の多くを「労働」から排除することになりかねない。その意味で、「中間的就労」は就労訓練に留まらず、伴走型支援を前提とした継続就労を含むものでなければならない。

「働くこと」はすべての人々にとっての権利であり、「労働」とは何かということが根本的に問われている。欧州の先進事例だけではなく、国内においても多くの実践例がある中で、新たに施行された生活困窮者自立支援法においても、「中間的就労」の位置づけが就労訓練に留まっていることは残念である。誰もが多様な働き方を通じて社会に参加でき、それを可能としてみんなで支えあう社会を実現するためにどのような仕組みを構築するのか。福祉・労働政策の抜本的な見直し、転換が求められている。

(四) 社会的企業の財政基盤

社会的企業が社会性を問われる以上、たとえ事業型であっても市場経済においてそれは大きなハンディとなる。市場からの事業収入だけで事業を継続するためには、経済効率性が重視されることから、株式会社大地を守る会[21]のように、その事業体の社会性が付加価値として市場に認知されるような事例もあるが、事業からの経済的弱者の排除といった、社会性と相反する事態が生じる可能性もある。ましてや、そもそも採算性の低い社会問題に取り組む連帯型や支援型の事業体にとっては、事業の持続可能性が問われる深刻な問題である。

このため、社会的企業の持続可能性を高めるためには、事業収入だけでなく、公的資金や寄付、会費等、多元的な収入構造を持つことが望ましい。公的資金の中心となるのは、行政からの事業委託や補助金等であるが、日本の現行制度には課題が多く、寄付や会費についても、欧米と違って社会も制度も未熟であると指摘されてきた。しかし、民主党政権下においては、後述するように大きく前進した面もある。

①公契約など公的資金にかかわる制度の課題

二〇〇三年九月から、公の施設の管理・運営について、民間企業だけではなく、ＮＰＯや地域団体などすべての団体に門戸を開くとして指定管理者制度が施行されたが、本来サービスの質とコストの両方が問われるはずが、自治体の財政危機を背景に質についてはないがしろにされ、もっぱら価格による競争を強いられているといった実態がある[22]。このため総務省から、指定管理者制度が、公共サービスの水準の確保という要請を果たす最も適切なサービスの提供者を、議会の議決を経て指定するものであり、単なる価格競争による入札とは異なるものであることなどの制度の適切な運用を求める通知が発出された[23]。

野田市を皮切りに、自治体における公契約条例の取り組み[24]も拡がりを見せ始め、大阪府・市が全国に先駆けて導入した総合評価一般競争入札制度[25]も、全国の自治体に普及しつつある。大阪府・市の場合、総合評価一般競争入札制度を政策的随意契約の手段として活用しており、社会的企業である大阪知的障害者雇用促進建物サービス事業協同組合（エル・チャレンジ）が清掃業務委託と就労訓練を結び付け、行政や福祉作業所、授産施設、民間企業との密接な連携の下、知的障害者の雇用促進に大きな成果を上げている。社会的企業と行政との持続可能なパートナーシップのあり方が問われる中で、注目すべき事例と言える。

原田（二〇一三）によれば、現段階の日本の公契約条例における社会条項の規定は、無原則な価格競争にともなう弊害の是正を直接の目的としており、契約の極端な下落や労働条件の悪化が問題になっている公共事業や施設管理業務が中心であり、契約額が一定以上に限定されることが多く、対人サービスが中心の社会的企業の多くは対象外となる。また、社会条項の評価が障害者の雇用数といった測定可能な数字のみになりがちであり、横並びの比較が難しい質的要素は通常考慮されないことから、クリーム・スキミング（いいとこ取り）や、就職してもすぐに元の福祉施設に戻ってきてしまう「回転ドア」現象といった弊害が起こりうる。

このため、公契約に社会的価値を一定程度反映させるためには、発注者と受注者の交渉が必要であり、日本の場合はそれが可能なのは随意契約である。随意契約は、達成すべき事業や取り組むべき社会的価値について、あらかじめ協議を経て契約することができるため、参加型ガバナンスを重視する社会的企業であれば、地域に密着した継続的なサービス供給とモニタリングコストの抑制が可能となり、英国においても日本の随意契約に似た、サービス・レベル合意という手法が一般的である。

しかし随意契約は、委託者の恣意的な選定による官製談合の温床となりうることや、少額の随意契約が多いこと、人件費や間接費などが適切に見積もられないこと、単年度契約であること、硬直的な仕様書であることなどの問題もある。こうした不透明性を改善するためには、発注者の政策意図を積極的に表明し、それを契約プロセスに反映させたり、適正に評価するための制度上の対応が必要である。

公契約や随意契約の問題については、政府においても、①提案型協働事業の導入促進、②総合評価方式や規格競争の促進と幅広い社会的価値への配慮などが議論され[26]、随意契約のあり方については、民主党政権下で、契約書の作成にあたっての対等性の確保や仕様書・契約書の柔軟化と成果目標の明確化、前金払いや概算払いが可能な費目の適切な対応などの改善が取り組まれ、自治体への周知もおこなわれた[27]。

さらに、フルコスト・リカバリーの考え方に基づき、コストの把握と適切な間接経費等の積算についても取り組みが始まっている[28]。しかし、社会的価値についてどのように適切に評価するかなど課題は多い。

②寄付税制などの基盤整備の進展

批判されることの多かった民主党政権下において、「新しい公共」円卓会議および「新しい公共」推進会議を中心に、サードセクターの活動を支え拡大するための施策について、様々な提案がおこなわれ、この間、①寄付税制の見直し、②所得税・個人住民税の税額控除の導入、③認定特定非営利活動法人の認定基準（ＰＳＴ等）の見直し、④自治体による特定非営利活動法人支援、⑤特定寄付信託に係る利子所得非課税制度など、ＮＰＯや社会的企業などの収入構造にかかわっていくつかの項目が大きく前進した。

また、二〇一〇年六月一八日に施行された貸金業法改正では、ＮＰＯや社会的企業の起業や事業運営資金を支えてきたいわゆるＮＰＯバンク[29]が、当初一般の貸金業者と同様に扱われ、その存立基盤を揺るがす規制強化の対象とされていたが、関係者の努力によりＮＰＯバンクへの規制が緩和されたことや、多重債務者等に対する貸付事業をおこなう一定の地域生協に対する県域規制の緩和が実施された。

なお、ＮＰＯの資金調達を支える活動としては、ＮＰＯバンク以外にも、自らの社会貢献事業の一環として、定期預金の満期利息の三〇％をＮＰＯに対する助成に活用する「社会貢献定期預金ろうきんＮＰＯサポーターズ」を取扱い、ＮＰＯ法人日本ＮＰＯセンターの協力を得て、ＮＰＯのスタートから定着までの四年間を助成の対象として、延べ四一八件、総額一億四、九七七万円の助成（二〇一二年度末現在）をおこなっている労働金庫の取り組み（山口茂記 二〇一三）や、剰余金の一部を原資として「市民活動助成基金」を設立し、市民団体やボランティア団体に助成をおこなっているパルシステム東京の取り組み（山口浩平 二〇一一）などがあり、労働団体である連合も、社会貢献事業として「愛のカンパ」に取り組み、ＮＧＯ・ＮＰＯ団体などの事業・プログラムへの支援をおこなっている。

また、ＮＰＯバンク以外にも、社会的に排除されている人への少額融資をおこなうマイクロクレジットや頼母子講などの相互扶助型のクレジットユニオン、大型資金を調達するファンド型の市民風車、いわゆる地域通貨など、市民金融の手法としては多くの事例があるが、法制度の不備や規制などにより厳しい状況にある。

③国の「新しい公共」推進の取り組み

社会的企業は、協同組合や一部の事業型社会的企業を除いて、一般的に規模が小さく、人材や情報、経営ノウハウといったリソースが不足しがちである。このため、人材育成やネットワーク、中間支援組織の強化の必要性が指摘されてきたことから、内閣府や経済産業省の「新しい公共」推進のための事業は、そのような視点が重視されている。

内閣府により、「新しい公共」の拡大と定着を図る目的で取り組まれた新しい公共支援事業[30]は、平成二二年度および二三年度補正予算の合計九六・三億円のうち、実施済額は約八八億円（九二％）で、モデル事業は全国で一、〇五二件実施されている。実施内容は、①特定非営利活動法人等の活動基盤整備等三四・七％、②モデル事業五九・一％、③震災対応一七・九％などとなっている。また、「社会的企業」の起業、人材育成を支援し、被災地での企業と雇用を創造することを目的に、復興施策の一つとして実施された復興支援型地域社会雇用創造事業は、①社会的企業インキュベーション事業による起業者五〇二人（ビジネスプランコンペ応募者一、七九一人）、合格者六三一人）、②インターンシップ事業の研修参加者二、四三六人（うち研修終了者一、七九五人）となっており、それなりの成果が見られるが、情報公開が不十分で、予算の使途や選考過程が不透明などの問題も指摘されている（第六八回社会的企業研究会内閣府ヒヤリング：平成二四年九月末現在）。

このほか、経済産業省による補助事業では、地域新事業創出発展基盤促進事業（平成一九〜二二年度）が、①中間支援機能強化事業一八件（五六機関育成）、②ノウハウ移転・支援事業三六件（一〇八事業者へ移転）、③村おこしに燃える若者等創出促進事業二七件（二七二人）、地域新成長産業創出促進事業（平成二三年度）が、①企業連携支援強化事業五件（二一機関）、②ノウハウ移転・支援事業一二件（四一事業者）、③村おこしに燃える若者等創出促進事業二件（二一人）、④コンソーシアム新事業創出展開支援事業五件（一一事業）、東日本大震災復興ソーシャルビジネス創出促進事業（平成二四年度）が、①企業連携支援強化事業四件（二二機関）、②ノウハウ移転・支援事業八件（二九事業者）、③新事業創出事業四件（四事業）、④復興フォーラム事業一件という実績となっている。なお、これらの事業は、いずれも安倍内閣の平成二五年度政府予算には継承されなかった（第六七回社会的企業研究会経済産業省ヒヤリング）。

四　社会的企業による就労支援の具体的実践例

それでは、こうした現状をふまえて、困難な状況にある人々に対する就労支援に取り組む社会的企業について、社会的企業研究会の報告からいくつか実践例を見てみよう。

（一）神奈川におけるワーカーズ・コレクティブの就労支援

ワーカーズ・コレクティブ協会事務局長の岡田百合子さんによれば、神奈川のワーカーズ・コレクティブが誕生して間もない頃から、二〇〇五年調査[31]では二七団体五四人が実習や就労をしていたという実績があり、中間支援組織としてワーカーズ・コレクティブ協会[32]による「生きにくさ」を抱える人への就労支援が取り組まれている。これまでの就労支援事業としては、横浜市知的障害者職場体験実習（二年間）を皮切りに、引きこもりの若者へのジョブトレーニング、横浜市困難を抱える若者たちの就労定着支援事業、生活保護家庭の社会参加支援事業（横浜市保土ケ谷区）、生活困窮者の就労支援（生活・しごと∞わかもの相談室）などに取り組んできており、二〇〇五年～二〇一二年で二六七人がワーカーズ・コレクティブ実習や訓練を実施。そのうち、ワーカーズ・コレクティブの就労やボランティアは五八人である（他は就労支援機関を通して一般企業に就労したり、支援を継続して受けている等）。

また、二〇一三年一〇月から開始した横浜市生活困窮者就労準備支援事業[33]は、二〇一四年一月現在、申込は二八人あり、そのうち実習中二〇人、中止四人、調整中四人となっている。女性一六人、男性一二人と女性が多く、年代別では、二〇代一七人、三〇代二人、四〇代六人、五〇代二人、六〇代一人となっている。

こうした取り組みを通じて、ワーカーズ・コレクティブは、知的障害者中心の実習や働く場の提供から、困難を抱える若者たちの就労・社会参加支援へと活動が拡がり、社会的に果たしている役割は大きい。しかし、福祉的就労でもなく、一般就労でもない「誰でもともに働ける場」に対する制度面での支援・保障がない中で、配慮が必要な人たちとの共働は、参加している市民の時間・金・物などを出し合って運営しているワーカーズ・コレクティブにとって負担が大きく、これまで以上の就労支援の拡大は難しいという問題がある。また、家庭にいる女性たちのメンバーシップで始まったワーカーズ・コレクティブが、生活・環境などが異なる人たちと一緒に働く「誰でも共に働ける場」となるためには、働き方、運営への参加、出資金、教育・研修内容の見直し、社会保険の用意など、組織への変革と覚悟が求められていることなどが報告されている（岡田 二〇一三：第七四回社会的企業研究会報告）。

（二）特定非営利法人自立支援センターふるさとの会（以下ふるさとの会）の生活支援

ふるさとの会代表理事の佐久間裕章さんによれば、ふるさとの会は、「生活困窮者が地域のなかで、安定した住居を確保し、安心した生活を実現し、社会のなかで再び役割や人としての尊厳・居場所を回復するための支援をおこなうこと」を目的に、一九九〇年に設立されたホームレス支援のボランティアグループを母体として一九九九年に認証を受け、法人格を取得している。二〇一三年八月現在、関連団体を含め、事業規模一〇億九千万円（二〇一二年）、社員数一八人、職員数二七一人（常勤七七人、非常勤一九四人）、利用者数一、二八八人となっており、関連団体として、ボランティアサークルふるさとの会、（有）ひまわり、（株）ふるさと、有限責任事業組合新宿・山谷ネットワーク、(特非)すまい・まちづくり支援機構、更正保護法人同歩会、合同会社ふるさとがある。

マスコミでも数多く取り上げられているように、ふるさとの会の事業は、「住まい・生活支援・地域リハビリ・在宅看取り」など、現行の社会福祉制度では対応できない多様なサービスを多様な事業所が連携しておこなっている。身寄りもなく、何らかの介護を必要とする低所得高齢者のための施設が絶対的に不足する中で、生活保護費から料金の支払いを受けている点で、ふるさとの会は外形的にはいわゆる「貧困ビジネス」と区別がつきづらいが、要支援・要介護の利用者に対するこうした重層的なサービスを、継続的に包括的におこなっている点で大きく異なっており、介護が必要な低所得高齢者も、住まいと生活支援などの土台があれば、負担の大きい有料老人ホームやサービス付き高齢者向け住宅に入居しなくても、医療や介護などの既存の制度を活用して地域で暮らすことができている。

とりわけ、「ケア付き就労」と称して生活支援を雇用の場にしているところに特徴がある。ふるさとの会の利用者は、家族がなく金もない単身困窮者が中心で、困窮母子世帯等も対象となっているが、精神障害、認知症、発達障害、アルコール依存やＨＩＶ等多様な問題を抱えている人が多い。先に挙げた職員数の半数近くは、精神や知的の障害などの就労阻害要因を抱えた就労支援の対象者であったが、生活支援の一環として研修や補助的作業などの経験を積み重ねる中で、彼らが可能な範囲で、単身困窮者とくに高齢者への生活支援をおこない、支援を受ける側から支援する側に回ることで、地域社会のなかで自身の居場所を見つけ、喪われていた社会との関係性を回復することにつながっている。

また、職員にはなれなくても、社会から排除され孤立を余儀なくされていた利用者が、職員や他の利用者共同生活や一人暮らしの利用者への生活支援、地域の祭りやイベントをおこなう地域リハビリに職員や他の利用者らと参加すること等を通して、社会とのつながりを回復し、社会的な自律につながった事例などが報告されている（第七一回社会的企業研究会報告）。

（三）生活クラブ風の村のユニバーサル就労の取り組み

生活クラブ風の村事業本部企画部主任で、ユニバーサル就労支援室を担当している岩永牧人さんによれば、生活クラブ風の村は、一九七六年に誕生した生活クラブ生協千葉を母体に、その福祉分野の事業の担い手として設立された社会福祉法人生活クラブのことであり、二〇一一年四月から、生活クラブ生協千葉を「生活クラブ虹の街」、社会福祉法人生活クラブを「生活クラブ風の村」（以下風の村）と呼称している。

この風の村が取り組んでいる、就労に精神的・社会的要因など様々な困難を抱える人々の個性や事情を尊重し、必要な支援を得ながら就労するシステムが「ユニバーサル就労」である。ユニバーサル就労は、精神的な理由や身体的な理由、社会的な理由で、「はたらきたいのにはたらきにくいすべての人（触法状態の人を除く）」を対象としており、居場所や生きがいの視点も取り入れ、個別の事情を抱えた多くの人を職場に迎え入れるための報酬や形態を提案し、作業所等の生産物の仕入れや出張販売の受け入れ等の自立支援、個別支援が必要な人への就労後の継続支援等をおこなっている。

ユニバーサル就労は、大まかに、①個別相談・マッチングワークショップ、②アセスメント、③業務分解・マッチング、④継続・キャリアアップのための支援、というステップで進められているが、①はたらきにくさを抱える人とユニバーサル就労を進めたい団体の出会いの場としてのマッチングワークショップ、②受け入れのための事業所の業務分解、③コミューター制度に基づく独自の就労形態と対価、等の特徴がある。

事業所の業務分解は、これまで一般就労者がおこなっている業務を細かく分解し再構築することで、ユニバーサル就労希望者に合った仕事を見つけるだけでなく、一般就労者の仕事の効率化や再構築により、労働生産性が向上するなどのメリットもある。また、ユニバーサル就労を、①UW無償コミューター、②UW有償コミューター、③UW最賃保障職員、④UW一般賃金職員の四段階の就労形態と対価が選択できることで、ユニバーサル就労希望者にとっては、自分のペースで働き始め、少しずつステップアップすることが可能であり、受け入れる事業所にとっても、受け入れリスクを軽減し、受け入れやすさにつながっている（第七七回社会的企業研究会）。

五　まとめ

少子高齢化が進行し、国や自治体財政も厳しさを増す中で、地域や人々の生活や雇用を支えていくためには、サードセクターの役割はますます重要となる。しかし、これまで見てきたように、日本のサードセクターは長い歴史を持ちながら、法制度の不備などに起因して様々な困難と課題に直面している。

これまで主に見てきた社会的企業に関して整理すると、①財政基盤確立のための寄付税制や所得控除などの税制改革や資金確保のための小規模金融制度、②容易に取得し事業性を発揮できる法人制度や貧困ビジネスと明確に区別するための認証制度[34]、③事業委託契約や入札制度への社会的価値の導入等の改革、④就労支援のための積極的労働市場政策の拡充や「中間的就労」の実現、⑤行政との適切なパートナーシップを構築するための仕組み、⑥人材育成や教育、経営支援等のための中間支援組織や大学、自治体等とのネットワークの強化などが挙げられるだろう。

これらの課題については、先にみたように、民主党政権において様々な議論や提案があり、①財政基盤確立のための寄付税制や所得控除などの税制改革や資金確保のための小規模金融制度については、大きな前進があった。さらに、③事業委託契約や入札制度への社会的価値の導入等の改革や⑤行政との適切なパートナーシップを構築するための仕組みについては、不十分ながらも国の取り組みが前進し、国に先行して取り組まれてきた自治体の取り組みも全国的に拡がりを見せている。

しかし、②容易に取得し事業性を発揮できる法人制度や貧困ビジネスと明確に区別するための認証制度については提案や検討に留まっており、⑥人材育成や教育、経営支援等のための中間支援組織や大学、自治体等とのネットワークの強化については、ようやくスタートした国の基盤整備・支援事業も、継続されずに平成二四年度で終了し、④就労支援の積極的労働市場政策の拡充や「中間的就労」の実現についても、報告自体、具体的な制度設計は今後の課題となっていた。

こうした中で、安倍政権の平成二五年度政府予算のなかでは、生活保護受給者等就労自立促進事業（仮称）や生活困窮者に対する包括的相談支援、多様な就労支援や生活支援などをおこなうモデル事業にわずかな予算はついていたものの、「生活扶助基準の引き下げが先行する一方で、本来一体的におこなわれるべき生活困窮者に対する支援策や制度見直しが、政権交代により置き去りにされる懸念がある」（吉岡二〇一三）状態であった。

しかし、二〇一三年五月の第一八三回国会に生活保護法の一部改正法案とともに「生活困窮者自立支援法案」が提出され、参議院審議未了で廃案となったものの、二〇一三年一〇月の第一八五回国会に再提出され同年一二月に成立した。このため、平成二七年度から新たな生活困窮者自立支援制度が構築されることとなり、そのための生活困窮者自立促進支援モデル事業は、平成二五年度では、道府県二一、指定都市一〇、中核市七、一般市・区三〇、合わせて六八団体が実施した。

これらの自治体に対して実施されたアンケート調査[35]では、①生活困窮者とは誰かについて事前に把握しておらず模索する自治体がほとんどであること、②自治体内の連携については取り組まれているが、行政機関間の連携は不十分であること、③支援対象者の自立相談結果は、生活保護とハローワークを通した一般就労が圧倒的に多いこと、④就労訓練（中間的就労）の実施機関と継続就労が可能な中間的就労実施機関が不足していること、等が明らかになっている。

三・一一の東日本大震災からの復興を目指して、サードセクターや社会的企業は被災地域と人々の生活の再建に大きな役割を果たしており、新たな人材や事業体もたくさん誕生している。また、東日本大震災の前と後で、ボランティア活動等への市民の参加意識は大きく向上している[36]。

このように、サードセクターや社会的企業に対する社会的認知が大きく向上し、重要性を増す中で、阪神・淡路大震災におけるボランティアやサードセクターの活動がその後のＮＰＯ法の成立に結び付いたように、安倍政権において「新しい公共」が片隅に追いやられ、一時的に法制度の整備や改革が頓挫するように見えたとしても、この間の議論や実践が無駄になっていないことは明らかである。これからも、政治の動きを注視しながら、必要な法制度の整備、改革を実現していくためには、法制度や監督官庁による分断、団体間の理念の違いなどを乗りこえ、サードセクターや社会的企業が大きくまとまり、政府と対等のパートナーとしての交渉力を持つことが重要である。

そうしたまとまりは、新たな協働のネットワークを構築し、サードセクターや社会的企業の可能性を広げ、新しい社会の礎となるはずである。

[注]

1 社会的企業研究会は、二〇〇五年一一月に開催された「T・ジャンテ氏招聘市民国際フォーラム」の準備のために、研究者、研究機関、実践者のネットワークとして二〇〇五年三月一一日に結成され、社会的排除問題の現場で社会的包摂に取り組む重要な担い手としてとらえ、①社会的企業による社会問題解決に関する実践知の蓄積、②社会的企業が発展しうる制度・政策の構想（法制度や事業委託のあり方）、③社会的企業をめぐる国際的な理論潮流や海外事例の検討といったことを目的に、社会的・連帯経済を軸とした横断的な調査研究・交流の場として、これまで七八回（二〇一四年九月現在）の研究会を開催している。
2 内閣府「新しい公共」円卓会議、二〇一〇年六月四日
3 内閣府二〇一二年一一月三〇日まとめ
4 福祉サービスおよび教育サービスの提供にかかわり、高齢者、障害者、幼児、学童、その他問題を抱える人々を施設および在宅で支援・介助・介護する事業を展開する協同組合を指す。
5 社会的に「不利な立場の人々」（障害者、アルコール依存更正者、薬物依存更正者、その他法律に

より規定された々）が構成員の少なくとも三〇%を占めて様々な分野で事業展開する協同組合を指す。

6　「新しい公共」宣言　「新しい公共」円卓会議　二〇一〇年六月四日

7　政府と市民セクター等との公契約等のあり方等に関する専門委員会中間報告　二〇一一年二月二三日

8　一九八〇年の国際協同組合同盟（ＩＣＡ）大会で発表されたレイドロー報告に触発され、生活クラブ生協が活動方針に取り入れたことから、一九八二年に生活クラブ生協組合員により、最初のワーカーズ・コレクティブである「人人（にんじん）」が横浜で誕生し、全国に拡がった。一九八九年に市民事業連絡会が設立され、法制化に向けた活動が始まる。一九九五年に連絡会を改組してワーカーズ・コレクティブネットワークジャパン（以下ＷＮＪ）が設立された。一号会員は一一団体、一一団体に関連するワーカーズ・コレクティブは四〇〇団体を超え、一万人以上のメンバーが働いている。

9　一九七一年に西宮市で誕生した高齢者事業団を皮切りに、「事業団」が全国に拡がり、一九七九年に「中高年雇用福祉事業団全国協議会」が結成された。続いて、全国協議会が直接運営にかかわる「直轄事業団」が一九八二年に千葉県流山市で設立され全国に拡がった。その後、イタリアの労働者協同組合に学び、一九八六年の第七回全国総会で事業団から労働者協同組合組織へと発展し、連合会へ移行した。

10　ＷＮＪを中心としたワーカーズ・コレクティブ法制化運動と日本労働者協同組合連合会による労働者協同組合法制化運動

11　一九七〇年代初頭から自主的に作られ始めた、障害のある人とない人が「ともに生き働く場」が集まり、政府への共同の要求を掲げて一九八四年に結成され、事業体としての社会的・経済的自立を目指すことを目標に、「共働事業所」作りを進めてきた。同時期に、各地に作られた小規模作業所との違いは、①障害者と健常者が共働で働き、②障害者の労働権の確立を目指すことにあり、障害者と健常者が、能力や生産性ではなく、扶養家族の有無や住宅手当などの同じ生計費的基準によって給与が支払われているという特徴がある。

12　身体障害者、知的障害者及び精神障害者就業実態調査：厚生労働省二〇〇八より試算

13　一九七七年に全国の障害者の働く施設（旧法授産施設）関係者が大同団結して結成された組織。

14　一九七七年に一六か所の共同作業所によって結成された。小規模作業所、授産施設、グループホーム、生活施設、生活支援センターなどが加入。

15　障害のある人もない人も、共に働き、共に生きていく社会の実現を目指して、故・小倉理事長がヤマト福祉財団とヤマトホールディングス株式会社と共に設立した株式会社スワンによるパン製造販売をおこなうフランチャイズチェーン。

16　第四五回社会的企業研究会における斎藤縣三氏の報告中の発言

17　社会保障審議会「生活困窮者の生活支援の在り方に関する特別部会」報告書二〇一三年一月二五日

18　行政からの事業委託も含む事業収入によって継続的な雇用を確保する（藤井 二〇一三）。

19　積極的労働市場政策と結びつき、就労困難者に対してOJT等の職業訓練をおこない、就労能力を向上させることで一般労働市場に送り出していく（藤井 二〇一三）。

20　雇用契約がなく、生産活動を通じた社会参加を目的とする（藤井二〇一三）。
21　一九七五年設立。「自然環境に調和した、生命を大切にする社会の実現」を目指し無農薬野菜の販売等をおこなっている。
22　公益財団法人地方自治総合研究所、全国地方自治研究センター・研究所共同研究「指定管理者制度の現状と今後の課題」二〇〇八年四月
23　総務省自治行政局長通知二〇一〇年一二月二八日
24　野田市二〇〇九年九月制定、川崎市二〇一〇年一二月制定など
25　二〇〇三年度から導入され、評価項目のなかに社会的価値の項目として、環境への配慮のほか、障害者、シングルマザー、ホームレスなどの新規雇用や府・市が実施する就労困難者の地域就労支援事業の雇用を盛り込んだという特徴がある。
26　政府と市民セクター等との公契約等のあり方等に関する専門調査会「政府と市民セクターとの関係のあり方等に関する報告」二〇一一年七月
27　都道府県全国六ブロック説明会　二〇一一年九月
28　「業務フロー・コスト分析に係る手引き」二〇一二年四月三日作成。内閣府ＨＰで公表。新しい公共支援事業等に関して業務委託の間接費計上の事例等についての調査を実施し、結果について二〇一二年九月に都道府県に情報提供した。
29　市民が自発的に出資した資金により、地域社会や福祉、環境保全のための活動をおこなうＮＰＯや個人などに融資することを目的に設立された「市民の非営利バンク」。「未来バンク事業組合」（東京都）を皮切りに、全国各地に続々と誕生している。

30　平成二二～二四年度実施　都道府県に基金を配分し、各都道府県に設置する基金を用いて、特定非営利活動法人等の活動基盤整備や支援等をおこなう。
31　二〇〇五年六月にワーカーズ・コレクティブ協会が実施した「障害者就労実態調査」二二一団体対象、回答数一一六。
32　非営利市民事業の社会的発言力を高め、市民の参加による新しい公共の実現を目指すなどを目的に、二〇〇四年五月二五日に発足した。
33　横浜市で生活保護を受給している者のうち、就労意欲の喚起や一般就労に向けた支援を必要とする稼働年齢層にある者を対象に、社会参加・職場体験等への参加を通じて就労意欲の喚起や一般就労に向けた基礎能力の形成をはかる事業。
34　「新しい公共」推進会議　小杉礼子委員の提案
35　一般社団法人協同総合研究所「社会的事業体が取り組む就労準備事業から持続性のある中間的就労創出に向けた制度・支援に関する調査研究」報告書　二〇一四年三月
36　内閣府市民意識調査　二〇一二年三月二日～七日に全国で実施、モニター数三〇〇〇人

【文献】

大沢真理（編著）（二〇一一）『社会的経済が拓く未来――危機の時代に「包摂する社会」を求めて』ミネルヴァ書房
住沢博紀・生活経済政策研究所（著）（二〇一三）『組合　その力を地域社会の資源へ』イマジン出版
武川正吾・宮本太郎（編著）（二〇一二）『講座現代の社会政策六　グローバリゼーションと福祉国家』

明石書店
特定非営利活動法人共同連（編）（二〇一二）『日本発　共生・共働の社会的企業——経済の民主主義と公平な分配を求めて』現代書館
原田晃樹・藤井敦史・松井真理子（著）（二〇一〇）『NPO再構築への道——パートナーシップを支える仕組み』勁草書房
藤井敦史・原田晃樹・大高研道（編著）（二〇一三）『闘う社会的企業——コミュニティ・エンパワーメントの担い手』勁草書房
吉岡成子（二〇一三）『生活経済政策』二〇一三年三月号　一般社団法人生活経済政策研究所

座談会

地域包括ケアと地域共生のこれから

出席者：猪飼周平、沼尾波子、堀田聰子
司　会：宮本太郎
2014年5月19日（月）
於ホテルルポール麹町

宮本：ここにいらっしゃる皆さんは、「地域包括ケア」という、今日重要な争点となっている、ある意味で「旬」の主題にうまく付き合いつつも、決して単純にこの考え方を無批判に受け入れているわけではないこともきちっとシグナルで出されています。皆さんは、行政やコミュニティなどの「渦巻き」のなかで浮上してきたこのことばを、どこがどう使えると思っていて、どこがどう使えないと思ってらっしゃるのか。

宮本太郎氏

この座談会では、まず、このことばを脱神話化していきたいと思います。たとえば地域包括ケアがどこでもできるというような誤解を与えてしまうことが、いま地域が本当に直面している問題を見えなくしてしまうようなこともあるかもしれない。おそらく厚労省としては、このことばを在宅を軸にした地域福祉、とくに高齢者福祉の再編をなるべくコストをかけないで進めていくための指針として有用だと考えているでしょう。しかしいったいこれはどこの話で、誰がやっていくのだろうかということまで含めて、かなりあいまいなところがあるわけです。だからこそ忌憚なく思う存分、脱神話化をしていただきたいと思います。

第二に、「地域包括ケア」は行政の事情などにも拘束されたことばであるわけですが、逆にそこからカメラを引いて大きく見たときに、このことばが持っているいろいろな可能性も見えてくるのではないかということです。たとえば猪飼さんは地域包括ケアについて、生活モデル、エコロジカルなソーシャルワーク、普遍主義的な福祉など、何かここ一〇年、二〇年くらいの社会政策が目指してきた一番ポジティブなものの方向性と重なるところがあるという見立てをされているのではないかと思うわけです。これはディスコースのポリティクスと言いますか、ある意味で脱神話化したそのなかで、なおかつ我々がそのことばから見ることができる未来のようなもの。逆にこのことばを使ってみることによって、結構いろいろな人たちを巻き込むことができるようなことばとして位置づけ直す。

その可能性みたいなものをどこで見ているかというと、これまでの日本の地域福祉は、支える側の男性稼ぎ主と、支えられる側の高齢者、障害者、困窮者とをはっきり分けてきたわけですが、健康・病気だとか障害・健常だとか、若い・高齢だとか、経済的安定・不安定だとか、こうした二分法がことごとく壊れてきていて、その二分法に拘束されないで皆がどうやって「生活」を成り立たせるかということが問われています。つまり、二分法から「支え合い」に転じていく。「支え合い」というのは、地域包括ケアといういまのことばの使われ方だと、公的な責任が排除されていって、地域の人々が生身で支え合っているという話になってしまうのですが、そことは次元を異にしつつ、支え合いの支援というか、共生支援というか、そうした方向に公的責任の所在を見出していく可能性もあるのではないかと思っています。第二部ではその可能性を議論したい。

第三部では、地域包括ケアシステムをめぐる可能性とその現実とのギャップを埋めるために必要なものとは何だろうかというあたりを射程に収めつつ、とくに地域包括ケアのガバナンスとかマネジメントなどについて議論していく、そのようなイメージで考えています。

ではさっそく、第一部を沼尾さん、第二部を猪飼さん、第三部は堀田さんに口火を切っていただいて、あとは自由に議論するというかたちで進めさせていただきたいと思います。

●地域包括ケアと地方行財政の現状

沼尾：日本大学の沼尾です。私は地方財政が専門でして、とくに自治体と地域コミュニティとの関係について、財政面から考えているのですが、とくにいま家族や地域で支え合うことが難しくなっていて、対人社会サービス分野における様々なケアの領域を担う行政体制と財政運営が大きな課題になっていると感じています。そういうあたりで地域包括ケアにも関心を持ち、いろいろ調べています。

地域包括ケアといったときに、本来であれば、あらゆる世代あるいは性別に関係なく、必要な人が必要に応じて必要なときにケアを受けられるということが本当の意味の地域包括ケアだと思うのですが、日本の場合、基本的には介護保険制度の枠組みのなかに地域包括ケアシステムが位置づけられてしまっている。介護保険財政が厳しくなることが指摘され、二〇二五年には団塊世代が七五歳以上の後期高齢者になる、そのときに重度の要介護状態になっても住み慣れた地域でどうやって自分らしい暮らしを続けられるように医療や介護や生活を支援できるか。そういった問題意識に立って、対象を高齢者中心としたかたちで狭めているところが一つの課題ではないかと思います。そのこと自体私は必ずしも望ましいとは思っていないのですが、ただ、政策がそういう方向で動いているので、そういう前提で話をさせてください。

沼尾波子氏

この制度が出てきた一つの背景を財政の問題から考えるとすれば、基本的には介護保険財政がもたなくなってきている。二〇〇〇年当初、総額で三・六兆円だった財政規模が二〇一二年には八・九兆円になっている。そして二〇二五年には一四・一兆円にまで膨らむという推計結果が出ています。では財政負担を誰が、どのように支え合うかが問題になる。そのときに、施設サービスは在宅サービスに比べて支出が膨らむので、何とか在宅で地域のなかで、かつ保険を使わずにやれるところはやり、予防についても早期に対応していくことで将来的な支出をなんとか抑制していこうというねらいもあって、この仕組みがつくられてきたと認識しています。

しかしながら、すでに標準月額保険料は全国平均で五、〇〇〇円近くに達していて、これがこのままだと二〇二五年には八、〇〇〇円、九、〇〇〇円近くになってしまう。そのときに高齢者にはそれだけの保険料負担ができるのか、あるいはサービス利用料として一割、今度の法改正で一部の高齢者は二割になりますが、一～二割の自己負担ができるのかも課題です。地方財政全体でも、地方財政計画ベースで必要な財源を確保できなくなってきていて、地方財政対策では、国債と地方債を合わせて年間一二～一三兆円を補塡しているという状況ですので、これを本当に賄うだけの一般財源が確保できるのかも課題になっています。それでもやはり介護サービスは必要なので、保険料や租税負担を引き上げてでもサービスを確保しようということで国民全体の合意が図れるかどうかというと、なかなかそれも難しいところがあると思います。

そういう状況のなかで、いま自治体の現場はどうなっているのか。まず市町村のなかでも、介護保険課は、何とか保険制度を回しつつ、地域の方々の介護需要を把握して、それに対して必要なサービスをどういうふうに確保するかというところに収斂しているわけですが、一方で、財政当局はできるだけ一般財源の支出を抑制したいとして、何とか支出を抑えられないのかということを考えている。誰にどのようなサービスが必要で、必要なところに必要なサービスが届いているのかという点について、行政が保険者としてきちんとチェックできているのかというと、それを担う職員を確保することも難しくなってきているという、厳しい状況です。

自治体は保険者として、サービスの需要も供給もコントロールすることが難しい。利用者の側は、一割利用料を払っているのだからという権利性を掲げて、要介護度の上限まで使えるサービス、使いたいサービスは使っていこうということになります。保険料負担が上昇すれば、いよいよサービスを使う権利を主張する声も大きくなるので、「自立」と認定された人にも介護予防の分野でサービスを提供していくことになる。地域によっては、介護予防が本来の機能訓練とは違うかたちで使われているところもあります。それがまた財政支出を増やしているというところもあるように思います。

利用したい人が利用するサービスは、本当にその人の生活にとって必要なものなのか、それとも制度があってサービスがあるから、じゃあ使えるものは使おうということで利用されているのかという問題もありますし、片や、保険料や利用料が負担できないためにサービスを利用できない。あるいは地方圏にいくと、必要なサービスが地元にないために利用できない。そういったことで、需要をきちんと満たせているのかというところでも課題があります。

一方、供給の側からすると、事業所と保険者との関係にもなってくると思うのですが、採算の見込める都市部の場合には様々なサービスがあるのですが、地方圏にいくと、たとえば特定の医療法人がその地域のサービス全体を担っていることもある。そこで、自治体が財政負担や需要の予測も含めてサービス供給について調整しようとすると、事業所の側は「そこまで言うなら私たちは撤退しますよ」ということもできるわけです。交渉する上で、明らかに行政の側が弱い。独占状態だったりすると、その法人にとって都合のいいケアプランを策定し、どんどん財政支出が膨らんでしまう。保険者の側は受け身にならざるを得ないといった問題も生じています。

では、本当に必要な人のところに必要なサービスを提供する体制をどのようにつくるのか。さらに言えば、本当に必要なサービスとは何なのかというところも含めて、なかなか考える場がない。地域には様々なサービスの担い手がいるけれど、行政の側では、それらを全然把握できていない。利用者の状況についても、事業者任せで、行政がなかなか把握できていないことが多い。

そんな状況で、地域包括ケアシステムの導入といっても、無理がある。地域で、支え手が連携する場をつくりなさいといっても、誰がどう連携してよいのか分からない。どのようにすれば、包括ケアのための仕組みをある種のプラットフォームとして作れるのだろうか。そこまで手も回らないし、対応できる人もいないということで、とにかく民間に地域包括支援センターの運営をお願いしてしまっているところも少なくない。行政の側が直営でやっているところは、いま全国の市町村で四分の一くらいです。

自治体とその地域のサービス事業者や支援者が連携していて、さらに地域包括ケアが本当に利用者、住民の方と顔の見える関係をつくるようにきめ細かいケアができているというところはなかなかないです。地域包括ケアの運営拠点である各地の地域包括支援センターはそれぞれ動いていますが、担い手が相互に情報共有や連携を図り、必要な支援の在り方を検討できているというところは、傾向としては非常に小規模で、合併しなかった自治体や、あるいは高齢者の多くが厚生年金や共済年金受給者で、生活困窮している高齢者が非常に少ない地域であるとか、そういったところです。合併して広大な面積を抱える自治体や、高齢者の生活状況が多様化・複雑化し、貧困世帯を多く抱えているところは、個々のケースに対応するだけでも手いっぱいという状況だと思います。

そういう中で、厚労省がポンチ絵で地域包括ケアシステムの概念を提示するわけですが、多くの自治体では大変当惑しています。理念としては美しい。でも限られた財源と人員とで、これをどのように実現できるのか、現場の状況を考えてくれ、というのが率直な現場の思いではないかと思います。

この後、猪飼さんから生活モデルの話が出てくるのではないかと思うのですが、よくケアの問題について、自助、互助、共助、公助という言われ方があります。日本の福祉は、長い間、家族やコミュニティ、あるいは企業のきちんとした所得保障に支えられてきて、そこから抜け落ちたいわゆる社会的弱者に対する措置としておこなわれてきました。それが介護保険になって、ユニバーサルだと言われたのだけれども、じゃあ何をどこまでユニバーサルにするのか、どこまでが自分の問題で、あるいはコミュニティの問題で、どこから公的負担でやるのかというところについて、なかなか線引きができていないですし、地域によっても状況が違っていると思います。

介護を行政サービスとしてやろうとすると、ある種の政策として仕組みをつくって、一定の基準を定めて、そこに財政措置をつけて、公平にサービスを提供していくことが求められることになります。一方で、高齢者にはそれぞれの暮らしがあって、身体機能の衰えや、家族構成の変化等によって、それまでできていたことができなくなる。そうやって抜け落ちたものを公的に埋めていくという、それぞれの状況に応じてきめ細かい対応を個別に実施するということがケアの領域に求められる。そうだとすると、介護サービスの需要というのは、政策分野における政策の立案、計画、ユニバーサルなものの基準化をする、予算をつけるというような政策形成の概念と非常に馴染みにくい。家族やコミュニティの暮らしや、地域のなかでの支え合いが前提としてあって、それを行政が政策として財政負担なり保険料をつかって補完するのだとすれば、そこをどうかみ合わせるのかということを考えていかないと、本当の意味での地域包括ケアシステムを地域でつくるのは非常に難しいだろうと思っています。

もう一点だけ補足させていただくとすれば、地域のコミュニティで、たとえば徘徊の高齢者を見守る徘徊見守り訓練を実施したり、声掛けなどのいろいろな仕組みを町内会や自治会でつくっているところもあって、それはそれとして地域で機能しているのですが、そこに新しく入って来た地域包括支援センターを中心とした地域包括ケアシステムと、従来からのコミュニティの取り組みは、かみ合って複合的になっているところと、バラバラにおこなわれているところがあって、そこをどういうふうに接合していけば本来の意味で、「地域」ケアとして効果が上がるのかというところが難しい。それはそれぞれの地域なり自治体で非常に模索をしながらやっている。市町村のなかでも、あそこの地区はすごくコミュニティは強いのだけれども行政側は全然ダメ、というところもあれば、逆もある。家族やコミュニティの取り組みを、行政はどう補完していけばよいのか。必要な支援が抜けているところだけ補完するということを行政としてやった場合、それをユニバーサルといってよいのかどうか。なかなかそのあたりの結論も出せない状況のなかで、いまかなり現場の自治体職員は疲弊しながらめまぐるしい制度改正にやっとの思いでついていこうとしているというのが実態だと思います。地域包括ケアシステムはこれからどうなっていくのだろうか、大変心配な状況にあると思います。

宮本：一つだけ私の方から確認をさせてください。地域包括ケアは、行政にありがちですが、いろいろなベストプラクティスを縁取りする額縁のように使われている。ところがそのベストプラクティスは、むしろ例外的な場合が多くて、ベストとは言わないまでも、相対的にうまくいっているケースは自治体の規模が適正であるだとか厚生年金加入者が多いとか、そうした状況に恵まれているると。むしろ自治体の現実は、ポンチ絵に描かれているような地域包括ケアにたどり着かない可能性のほうが高いという認識があるとすると、これは行政としては非常に問題のある振り方をしているというふうに考えざるを得ないわけです。自治体の関係者は多くがこんなことできるのかと思っていることは明らかだと思います。

構造的に困難であるとすると、それは具体的にどういう困難として認定すればよいのか。地域包括ケアを構成する五つの要素、医療、介護、その連携と介護予防と生活支援と住宅、この五つのことばも使いながら、財政的、行政的、社会的な困難の有り様みたいなものをもう少し立ち入ってご説明いただくと、どんなふうになりますか。

沼尾：一つは、よく言われることですけれども、医療や介護・福祉にかかわっている多様なアクターが集まったときに、やはりお医者様がどうしても偉くなってしまう。医師がこうしたリーダーシップを発揮しながら、その関係性とかそれぞれが持っている価値観を、うまくバランスを取りながら一人ひとりの人に対するケアのあり方を作っていこうという場をつくることが難しい。それができているところは、わりと回っているという話も聞いています。典型的なのは広島の御調地区ですが、御調の場合、御調病院が公立だということもあって、医療サービスが増えるということは、もう一方で国保の支出にもかかわる。単純にサービスの利用が増えること自体が望ましいとは言えないという価値観も共有できている。そういうところであれば、ある程度回していけるところはあると思うのですが、よく先駆的事例といわれている埼玉県和光市でも、医療は外れてしまって、お医者様はケア会議にも積極的に入っているわけではない。ですから、それぞれの状況に応じて、医療が必要な場合、福祉のサポートが必要な場合、見守りが必要な場合といろいろなパターンがあると思うのですが、誰にどういうサービスが必要なのかということを判断する場に、それぞれの立場の方が集まって、相互の価値観を共有しながら、それぞれ異なる言語をしゃべっているところをうまく通訳できるような場がつくれるかがポイントになると思います。ですが、その場を作ることが難しい。そこに保険料負担と財源問題にまで目配りした自治体が加わったとき、いよいよ課題は複雑になります。

もうひとつ、医療や介護サービスの立地の問題があって、近くにちゃんと医療あるいは介護の事業所があるというところであればよいのですが、なかなかそれが供給できていないような地方圏の場合に、その穴をどういうふうに埋めるのかという問題もあるでしょう。

もうひとつ住宅なのですが、まちづくりや都市計画の専門家がよくおっしゃるのは、道路整備や都市計画の話と住宅の話というのは、政策として完全に切り離されている。本来であれば、こういう見守りみたいなものは、人がぷらぷら居られるようなたまり場みたいな、ある種の公園や広場のような空間があることで解決できたりする可能性もあるのだけれど、都市計画自体、道路の線引きを含めてかなり機械的・効率的におこなわれている。住宅の内部のところで様々な世代の人が住めるような新しいコミュニティをつくるという動きはあるのだけれど、それが都市計画のなかでうまく反映されていない。むしろいまは、民間の住宅供給会社などの方が新しいコミュニティをつくるための住宅というものをデザインして、ハードとソフトの両面から取り組みをしていて、マンションのなかにたまり場を作り、そこを管理・運営するソフトの仕組みをデザインしたりする。こうした地域包括ケアと連携した住まいづくりというところに行政の手ではうまくいっていないところもあります。

だから、個々の取り組みとしては地域のレベルでいろいろおこなわれてはいると思うのですが、それを一つの包括ケアシステムというかたちでやるには、行政の側も情報は持っていないし、あるいはそれぞれの担い手もよかれと思ってやっているのだけれど、それを組み合わせられるようなプラットフォームのようなものがない。それを掘り起こしてつなごうとする機会や場面、人と人とのつながりもないまま、「地域包括ケアシステム」のポンチ絵だけが国から提示されているところが課題ではないかと思います。

宮本：ありがとうございました。それではいかがでしょうか、いまのお話を手がかりにしても構いませんし、また脱神話化という方向でまったく新しい論点を付け加えていただいても構いません。

●地域包括ケアの二つのディスコース

猪飼：二〇一〇年に上梓した『病院の世紀の理論』という本のなかで、二〇世紀的な医療システムは終わるのだ、その次に来るシステムのなかに、より地域的で包括的な内容をもったケアシステムが出てくるだろう、出てきつつあるということを書いたことで、図らずも私自身が地域包括ケアの専門家の一人という扱いを受けたりするようになりました。

猪飼周平氏

最初に議論しておかなければならないことといつも思っているのは、なぜ地域包括ケアをやるのかということなのです。いろいろな人たちの言説を見聞きしていると、大まかに二つくらいのディスコースがある。一つは医療関係者のなかでよく言われてきたことですが、疾病構造が転換し、長寿化が進んでいくなかで、「治らない患者」、それは主に高齢者のことを意味するわけですが、そういう方々がすごく大きなボリュームで現れてくる。こういう方々には、患者を治すというケア目標を持つことには効果がないので、QOLという別のケア目標が必要なのだ。だから地域包括ケアというか、ある種のQOL型のケアシステムが必要になる。QOL型のケアシステムを追求しようとすると、ここはロジックがいるのだけれども、地域ケア的なものになるのだという論理です。

ただこれは、たぶん事実によって支持されない論理なのです。それはなぜか。医学の治癒能力が実は時代と共にものすごいスピードで向上してきている。ということは逆に、時代をちょっと遡ると途端に全然治らなくなってくるわけです。これは有病率のような概念で考えればよいのですが、時代を遡れば遡るほど、いまの基準からみると日本人はより不健康に暮らしてきたわけです。とすれば、過去に遡るほど「治らない患者」、治らない不調を抱えながら生きている人たちというのはもっとたくさんいたとみなければならない。これは発展途上国の人たちの健康水準を見れば分かると思うのですが、治らないということで言えばそういう人たちの方がＱＯＬ支援に馴染むはずなのです。しかし現実にはそうなっていないということは、要するに疾病構造が転換するとＱＯＬ的な支援が求められるという論理にはもともと間違いが含まれているということだというのが一つあります。だから、その種のディスコースは、医療関係者のなかで広く信じられてきたけれども、たぶん間違っている。

もうひとつは、これは厚生労働省等が地域包括ケアを進めていくときに、当初とくに主張したこととして、要するに地域包括ケアは安いということがありました。これは興味深いことだけれども、今日の厚労省の官僚たちは安いと言わなくなってきています。安くならないということに気づいたからだろうと思うのですが、当初地域包括ケアが政策化されたときに説明されたのは、高齢社会を乗り切るためには地域包括ケアでなければならないということだった。これはどういう意味かというと、まさに財政的な意味でした。地域包括ケアをやると安いと言っていたということです。けれどもその保証は実のところまったくない。まったく同じケアを展開するという前提に立つと、施設ケアと在宅ケアでは施設ケアの方が安いのです。要介護者をたとえば施設的な環境に一箇所に集めてまとめてケアすることができれば、ケアコスト的にはより安い。だから、高齢社会を財政的に乗り切るということが本当に一義的な目標なのであるとすれば、地域ケアというのは、移動のコストやサービスを連携させるコストを飛躍的に大きくするわけですから、やらない方がよいわけです。

とすると、結局何のために地域包括ケアをするのかということになってしまいますが、もう少し正確を期すために、「地域包括ケア」のうちの「包括ケア」の部分については、コスト減の要素があることは話しておいた方がよいでしょう。たとえば任意の社会システムが三つあったとして、これがそれぞれ勝手に動いているのと連携して動いているので、どちらが効率的かという問題を考えると、いかなるときでも連動している方が効率が高いということは言えるわけです。

その意味では、包括ケアというのは、それができるのであれば、本来コスト的にはプラスに働くはずなのです。けれど、地域包括ケアとなると話が違ってくる。これは、基本的にコスト的に不利な地域ケアとコスト的に有利な包括ケアが抱き合わせになったもので、いわば「行って来い」のようになっているわけです。これがコスト面からみた地域包括ケアなのです。そういった点から考えてみると、現在の地域包括ケア政策は、政策の論理としては、目標がもしも高齢社会を乗り切るということであれば、包括ケアだけをやるというもっとコスト的に有利な方法が採られていないという意味において破綻していると考えなくてはならないわけです。

ただし、病院から患者を退院させると安くなるように見えるのもたしかです。なぜこのようなことが生ずるかというと、一言で言えば、病院で無駄なことがおこなわれているからなのです。病院で要らない人に要らないサービスをするということがおこなわれているからなわけで、そうすると病院から患者を退院させると安くなるということは、現状から出発する限りある程度言えるわけです。

となると、やはり地域包括ケアというもののコスト的な有効性もあるのではないかということになるかもしれませんが、そういうときに本筋の政策として何がなされるべきかと言えば、病院の改革であるはずです。地域包括ケアにするよりも、病院が無駄なことをしないようにする政策の方が本当は良い政策なわけです。そちらは追求しないで、とりあえず病院の無駄はなくせないので、仕方がないから退院させるという政策に見えるわけです。要するに最初から「プランB」(次善の策)。これは政策としては良い筋の政策とはいえないということが言えるだろうと私は思っています。

ここまでくると、地域包括ケアなんかやらない方がよいのではないかということになりかねません。しかし、私自身はいまの地域包括ケアの動きは、懸念するところがないわけではないけれども、その方向での政策というものは、結果的に大きくは間違っていないように思うわけです。それは後で議論することになると思いますが、「生活モデル」という考え方がいまこの社会に本当に広まりつつあるのだとすれば、そこで必要なケアシステムはより地域的なケアシステムになるということが展望できるからです。

つまり、先ほど述べた第一、第二の理由、すなわち、従来言われてきた、治らない患者が増えているとか、安くなるといった根拠づけは正しくなくて、第三の、社会全体が生活モデル化しつつあるということが実は地域包括ケアの究極的な根拠であるということになると言えます。この私の理解が正しければ、地域包括ケア化とは歴史的な時間のなかで、ケア観の変化とともに進行するものであるということになります。これは、政策の現場やメディアを通じて接する現行政策としての「地域包括ケア」とはかなり異なったイメージのものであると言えると思います。というのも、何年までに何をしなければ大変なことになる、といった高齢化に追い立てられながら政策を走らせるというものとは基本的に性格を異にしているからです。

いまの厚労省の政策に私が反対ということではないということは申し添えておきましょう。厚労省としては自分たちがやれることをやっているという認識は持っていて、介護保険のときもそうでしたが、資源を揃えていかなければ何もできないということがあって、まず資源を揃えようということが、それが二〇二五年へむけての計画などとして存在している部分だろうと思うのです。このような政策は、もちろん、私の理解する地域包括ケア化にとっても資源の準備としての意義をある程度持ちますので、その意味では反対する理由はありません。

ただし、生活モデルに基づくケアを望ましいという価値観が社会に浸透することが、地域包括ケアの基本的な根拠だとすると、ケアシステムは、ただ単に数合わせ的な資源が揃っているということではなくて、つねに生活モデル的なケアにシステムが近づいているかどうかを確認してゆかなければ、方向が逸れていってしまう。その意味では、生活モデルというのは、ケアシステムを構築する際の「北極星」のような役割を果たす概念なのです。基本的な方向感を間違えてしまうと、ケアシステムは、かたちだけ地域包括ケアっぽくても、事実上「回るだけのガラクタ」になってしまう危険があります。

宮本：ありがとうございます。いまの猪飼さんからの話はまさに脱神話化をさらに一歩進めていただいたし、かつ沼尾さんの話と歩調が非常にあっていて、医療・介護の連携については構造的にその手段が提供されていない。住宅についても都市計画との切断がある。また、構造的に最も高くつく調整コストについて見通しを欠いたままコーディネートを要請している。そこが満たされない以上は到底コストを抑制しながら前に進むことはできないわけです。

猪飼さんがおっしゃったことを一つだけ確認させていただくと、第一の言説の方ですが、疾病構造の転換を簡単にＱＯＬに結びつけるというのは、実態として正しくないというおっしゃいますが、猪飼さんがおっしゃる生活モデルということは重なる部分もあるように思います。猪飼さんがおっしゃる生活モデルはＱＯＬではないのですか。

猪飼：ＱＯＬが出てくるロジックが違うのです。高齢化がＱＯＬという概念の必要性を主導しているのであれば、たとえばヨーロッパ諸国の多くはもっと早くＱＯＬ型のケアシステムに転換するはずです。しかし必ずしもそうではない。したがって、高齢化というものがケアシステムの転換を促しているという見方は正しくない。逆に現在についてみると、イギリスのような国は日本ほどには高齢化は問題になってはいない。にもかかわらず、日本同様ケアシステムの転換は進んでいるのです。それは原因が高齢化でないことを示唆しているわけです。

医療関係者がなぜそう思ったかというと、私は、医療関係者が医療の外側で起きていることについて情報が少なかったためだと考えています。生活モデル化というのは、医療からみると外生ショックなのです。医療のシステムの外側からきたショック。障害者福祉、ソーシャルワーク、その他生活保護に至るまでの広範な福祉の領域でそういった支援観が先に広まって、それが九〇年代以降にヘルスケアの世界に浸透していく。むしろヘルスケアは他の福祉分野よりも一〇年くらい生活モデル化が遅いのです。なぜ遅いかというと近代医学が強かったからなのですが、その意味では、生活モデルの実践システムとしては、実は医療は遅れてきたプレイヤーなのです。そういうことがあって、先ほど言った第一の言説は、そこを見ないで医療のなかだけで物事が起きているという、内生的な要因で物事は変化しているのではないかという要因を探して、一応の理屈をつけたのが疾病構造の転換とかそういうことだったというふうに理解しています。

宮本：分かりました。医者のなかでものの分かった人たちが、QOLということを守旧派に対する警告を交えて掲げるようになっているのだけれども、実はそのQOLそのものはもうちょっと普遍的な要請からきていて、その筋を見失うと病院の聖域の枠のなかでの改革に留まってしまう。そんなニュアンスと考えて良いでしょうか。

猪飼：改革を進めるというよりも、生活モデル化は社会の大きな潮流としてすでに進行しているわけです。その結果、ヘルスケアもここ二〇年の間にかなりの程度生活モデルにのみ込まれてきています。だから地域包括ケア化を根拠づけてくれるのは、コストが安いということではなくて、人々が地域包括ケア的なケアのあり方を好ましいと思うような、そういう価値観に向かって社会が大きく動いているということに求められると理解しています。

宮本：私もその違いがよく分かりました。では堀田さんはいかがでしょうか。

堀田：まず、猪飼さんが述べられた第二の言説に関連して、地域包括ケアシステムにかかわる議論の経緯について、確かに介護保険財政が厳しさを増していることは事実ですが、地域包括ケア研究会のメンバーの一人としても、地域包括ケアシステムの構築は、安上がりになることそのものを目的とするものでは決してないと申し上げておきたいと思います。もちろん、住民が納得のいく生と死のありようを追求した結果として、コスト節減にもつながれば望ましいわけですが。

堀田聰子氏

猪飼：地域包括ケア研究会が明示的にそう主張したとは申しません。ただ、地域包括ケア研究会の二〇一〇年の報告書などを拝見する限り、高齢化以外には、地域包括ケアの原因となりうるものへの言及はありません。おそらく、研究会は「高齢者のための政策」を考えていたのだと思います。私が言っているのは、現在の地域包括ケア政策は、「高齢者のための政策」ではあり得ても、厚労省が少なくとも当初言っていた「高齢化を乗り切るにはこれしかない」という言説がもつ財政的なニュアンスに関しては、「高齢化対策」にならないということです。実際のところ、厚労省の説明は、おそらく堀田さんの意図を越えて、市町村をミスリードしていると思います。この際、この点については是非堀田さんにご解説頂きたいと思います。

堀田：団塊世代が七五歳以上に達する二〇二五年をシステム構築の目途と設定、高齢者数と死亡数がピークに達する二〇四〇年頃までを展望していることからも明らかなように、ご指摘のとおり人口構成の変化を大きな背景要因として議論をおこなってきていることは確かです。いうまでもなく、これはわが国のみならず、一九九〇年代以降の欧米におけるヘルスケア改革に共通する要因です。

猪飼さんがおっしゃったように、医学の治癒能力が向上したからこそ、寿命が飛躍的に伸び、以前は存在しなかった虚弱な高齢者が大量に現れてきています。日本では長谷川敏彦さんがケアサイクル論のなかでも明確に示しておられますが、五〇歳代以降が慢性疾患を発症し始める時期であり、加齢とともにその数は複数化、継続的に発症を繰り返して死に至る傾向にあることが知られています。つまり、長期にわたって病気や障害とつきあいながら暮らし続ける方々、複合的な支援やサービスを必要とする方々が多く存在することを前提に、年齢にかかわりなく、すべての住民が住み慣れた地域で自立と尊厳を支えあっていくことができる社会、まちづくりを目的として、議論が重ねられてきました。

ただし、高齢者のみならず障害者、子育て、生活困窮者といったさまざまな枠組みの支援や支援観の変化、それをめぐる政策とのつながり、横串をさした展開を視野に入れながら、地域包括ケアシステムの構築はすべての住民のためのものであることを明記しながらも、お二人ともいわれたとおり、地域包括ケア研究会のなかでの議論は、現段階では高齢者、あるいは介護保険をめぐるものが中心であることも事実です。これは今後の課題でしょう。

ちなみに、諸外国の経験をみても、地域包括ケアが進展すれば安くなるかどうかは、必ずしも明確ではありません。

地域包括ケアシステムの議論における理論的支柱とでも言える筒井孝子さんによれば、日本の地域包括ケアシステムは諸外国におけるintegrated care（統合ケア）とcommunity-based care（地域を基盤とするケア）という二つのコンセプトを組み合わせたものと理解できます。先ほど猪飼さんが包括ケアはコスト的に有利に働くはずとおっしゃいましたが、integrated careのアウトカムの評価・測定にかかる研究は発展途上で、十分なエビデンスが示されているとは言えません。

ではcommunity-based careについてはどうかというと、まず猪飼さんが言われた「地域ケア」ということと、community-based careというコンセプトには、やや意味合いの違いがあるかもしれません。

猪飼：Community-based careと重なっているかは分かりませんが、基本的に地域を舞台とするケアという意味なので、それほど違ってはいないと思います。

堀田：Community-based careは、国際的には公衆衛生アプローチに立脚し、地域の人口構成や健康上のニーズ、健康に関する信念や社会的価値観、資源の状況にあわせて地域社会による参画を保障しながら構築されるものといわれており、単に脱施設化を意味するものではありません。他方、施設ケアのほうが在宅ケアより安いといわれたことについては、「施設」は、住まいと包括的な支援・サービスをパッケージ化していますので、必ずしも在宅より安いとは言えないのです。もちろん、住まい方がケアコストに影響を及ぼすことはいうまでもありません。病院のあり方も同様です。いずれも地域包括ケアシステムの重要な構成要素です。つまり、地域包括ケアシステムは、そもそも単純に安くなることを目的としたものではありませんし、結果的に安くなるかどうかについても現段階ではわからない、それは私たち一人ひとりの、そして地域の選択次第ではないかと思います。

最初に、宮本さんが「どこがどう使えるか」と言われました。地域包括ケアをめぐる実践や議論にかかわり、学ばせていただきながら、これが長期にわたる持続可能な社会システムへの移行、トランジッションに向けたムーブメントの「乗り物」のようなものになれるのではないかと感じています。年齢を問わず、病気や障害を抱えているかどうかにかかわらず、誰もが持ちうる「よりよく生きたい、より良い社会を実現したい」という思いを、少しでも引き出していけるのではないかという期待感とも言えます。

でも、今はまだ神話の域を出ていないという見方も確かにあります。ディスコースの理解の相違といったレベルではなく、一般の方々からみれば、知らないか、聞いたことはあってもなんのことかわからない。自治体からみれば、沼尾さんが当惑しているとおっしゃいましたが、なにかまた「降ってきた」という感じは否定できないと思います。

猪飼：自治体関係者はよくそう言います。

堀田：基本理念や構成要素、各主体が取り組むべき方向性、それに全国の事例は示されていますが、実際にどのようにシステムを構築するかは、各自治体が住民とともに決めていくということで、今は神話ととらえられることがあるのかもしれません。

宮本：降ってきたというのは、まさに私も、私の範囲で見聞きしていることでぴったり来る感覚なのですが、やはり自分たちが想定していなかったような、必ずしも自分がそこで親近感を強く持たないようなものが降ってきたというところがありつつ、同時に振り払いもしない。つまり、拒絶しているわけでもないわけです。そういう意味では、地域の人たちにとって、はた迷惑なことでもないわけです。そのあたりはどういうふうにご説明されますか。異物感はあるけれども拒絶はしない。これはやはり、どこか強引に解釈すれば何かこなしていけるかなというところがあるのでしょうか。

堀田：地域包括ケアシステムに関する議論は机上で作られてきたのではなく、暮らしの場でおきていること、先駆的な実践から学びながらおこなわれてきていますので、社会全体として背景や目的、概念の共通認識があるかどうかはともかくとして、地域の方々からみて、なにか符合するかけらがあるということではないでしょうか。

ただし、何かこなしていけるかなというのでは神話のまま終わってしまい、長期的な移行は進まないのではないかと思います。私たちはどのように生き、死んでいきたいのか。それが実現できるのはどのようなまちなのか、そのまちづくりのために何が求められるのか、私たちは何をすべきなのか、できるのか……各地域において、目的や基本方針を共有することが不可欠です。二〇一三年度の地域包括ケア研究会では、normative integration（規範的統合）という概念を用いて、その重要性を強調しています。地域包括ケアシステムを「住み慣れた地域」で実現するには自治体が中心的な役割を果たしますので、規範的統合にも自治体の首長によるメッセージや自治体による情報と選択肢の提示が不可欠です。しかし、沼尾さんの話に戻ると、自治体の現場は厳しい状況で、介護保険の目的（第一条）や国民の努力・義務（第四条）の浸透にも課題があるといわれます。

現在と今後の人口構成や健康状態、地域の資源、地域住民の意識に根ざして住民との対話を重ね、様々な主体とビジョン・プランの共通認識をつくっていくことが求められているわけですが、これはこれまでの自治体行政においては馴染みのないことなのでしょうか。やらなくて済んでいたということなのでしょうか。それともかつてはあったけれど失われているものなのでしょうか。

Integrated careの潮流は、各国の経験をみても、放っておいてもなんらか進行しますが、地域を基盤とした統合がおこなわれないと、地域住民が自分たちの地域にとっての最適を選択したものでないと、一人ひとりのハピネス、あるいは地域のハピネスにはつながっていかないのではないかと思います。

沼尾：いま堀田さんがおっしゃったハピネスというのが主観的な概念なのか、家庭や地域における安心できる公共空間の構築といったものを指しているのかにもよりますが、コミュニティにおける安心・安全の感覚がどのようにできあがっているかと考えると、たとえば地域のなかでの見守りだったり共同作業だったり、かつて農村社会のなかにあったものだと思うのです。ところが高度成長期を通じて財政の役割が増大し、地域のなかで共同負担をして道普請をやっていたようなところから、補助金がどんどん国から入るようになってくる。国、県、市町村でいろいろな政策が降りてきて、それを実行する主体として自治体が地域のなかに入ってきたところもありますし、逆に地域の側は行政に言えばやってもらえるというふうになった。暮らしの安心・安全というところでの身の丈サイズでの顔の見える関係と、行政が安心・安全を制度・政策として構築するということとが次第に別々の取り組みとして距離が拡がっていったところもあるように思います。

もちろん地域によって違いはあります。たとえば地域のなかに病院などの拠点があって、保健師による訪問を積極的に実施してきた市町村もある。そうした地域医療の充実を図っている地域のほか、社協が地域福祉の仕組みづくりに力を入れてきたとか、民生委員や自治会がしっかり見守っているとか、地域のなかで、健康面を含めた安心・安全を得られるような活動が、今日までずっと残ってきているところもあると思うのです。やはりそれは本当にその地区の状況にもよって様々ですし、あとはそうした活動と自治体の行政の担当部局とがどういう関係に置かれているのかも本当に市町村によってまちまちだと思います。

宮本：降ってきているのは地域包括ケアだけではなくて、子ども子育て支援も生活困窮者自立支援も降ってきています。その意味では、自治体の課題はたいへん重く、途方に暮れているところもあるように思います。ただし地域包括ケアは、これまで地域に取り組まれてきたこととのかかわりも強いことも分かってきました。このあたり、猪飼さんから生活モデルと地域包括ケアの関係についてもう少しご説明願えるでしょうか。

猪飼：まず先に私が述べたことを二点補足した上で、生活モデルと地域包括との関係についてお話ししたいと思います。

第一に、どんな政策でも様々な利害や理念を包含する「乗り物」であることには違いありません。問題は、人びとが抱く雑多な利害や理念の累積過程の先に、到達すべき地域包括ケアがあるかどうかです。私の理解では、人びとの価値観は長期的にみれば、生活モデル的なケア＝地域包括ケアを支持する方向に変化する過程にあります。この方向性から、もし誰かの利害や理念の力によって政策が逸れていったとすると、それは長期的には人びとの価値観に合わないケアになってしまうか、価値観に合うようにするための軌道修正に大きなコストを払うことが必要になってしまいます。

このことをとくに為政者・行政担当者が理解していることが重要であるということが「規範的統合」の意味だとすれば、その重要性は明らかだと思います。私の理解する限り、地域包括ケア研究会のいう「規範的統合」で言われていることは、生活モデル化という、実際に起きている現象から引き出される合理的帰結についての合意であるかぎりでは非常に重要な概念です。ただし、用語から誤解されることが想起せられるような、何らかのケアが「良い」という規範を押し付けることは、不必要であるばかりでなく、無理に時間を早回ししようとすることによる反動が懸念されるということは申し上げておきたいと思います。

第二に、補足しておきたいのは、実は地域包括ケアが出てくる前はどうだったのかということです。もちろん、その前から地域ケアや在宅ケアに取り組む人々はいました。九〇年代でも、在宅ケアとかは、医学のメインストリームからみれば、まだ周辺的な細々した世界だったわけです。

ここで重要なことは、彼らは、地域ケア、在宅ケアが高齢化の対策になると思ってやっていたのではないということです。そうではなくて、彼らは「これは良いケアだ」と思ったからやっていたのです。当時のメインストリームの医師たちに相手にされなくとも、信念をもって地域ケア、在宅ケアをやり抜こうという人たちが少数ながら出ていた。それは遡っていくと佐久病院のように戦後すぐからの取り組みにも遡ることができますし、その他にも、そのようなケアに取り組んできた有名無名の実践者の系譜には、戦後を通じて触れることができます。私の理解する病院の世紀の終わり、あるいはヘルスケアの生活モデル化とは、このような人々のケアの「良さ」が社会的に広く認知されてゆく過程であるとも言えます。

●地域包括ケアと新たな転換の可能性

猪飼：『病院の世紀の理論』という本で述べたことの一つは、二〇世紀を通じて、医療システムは「医学的な意味での治癒」を究極的な目標としていたということです。それをいかに効率的に達成するかという観点から、システムを不断に再構築するという営みを一〇〇年くらい続けていたわけです。ここに生活モデルが侵入してくる。それは、実は患者を治すということよりもさらに上位に、何のために患者を治すのかという問いかけへの答えを要求するケア観として入ってきたのです。

生活モデルには互いに密接な関係にある二つの特徴がみられます。一つは、究極的なケア目標がＱＯＬになるということです。これは、二〇世紀的な治療医学との関係で言えば、医学的治療の価値がＱＯＬへの貢献の程度によって評価されるようになるということです。そして、もう一つは、当事者の問題状況をエコシステム的に見るということです。これは、ＷＨＯの国際生活機能分類（ICF: International Classification of Functioning, Disability and Health）がわかりやすいのですが、そこでは、当事者の健康状態が、本人の素因と環境因子によって張られる因果の網の目に規定されるという、原因観が採られています。これはエコシステム的な状況認識の典型といえます。

そういった新しいケア観である生活モデルに適合するケアシステムは、どういう性質を持っているだろうかということになると思います。そこでやはり一番重要な部分は、地域ケア化だと言えると思います。エコシステム的な原因観では、ある種当事者ごとにケア目標をどこに定めるかといったことが人それぞれになり、問題状況も人それぞれに異なることになる。それは「生活ニーズ」が人それぞれで多様な性格を持っていると言い換えてもいい。

生活ニーズが多様であるとすれば、サービス自身もその多様な性質を中に含んだものでなければ基本的には対応できない、というのは論理的な帰結です。そうすると、これまでのように単に患者を治すとか、あるいはこれまでの行政サービスのシステムに現れているよ

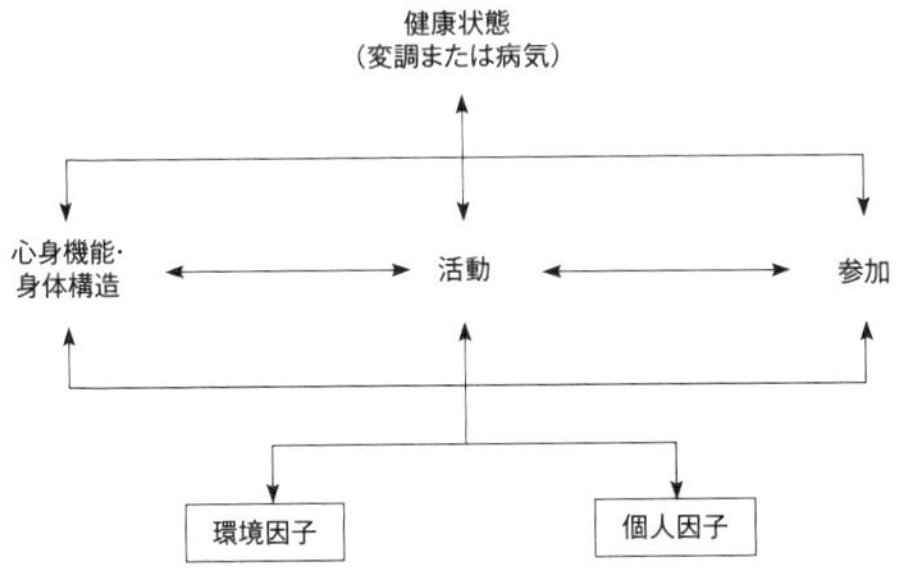

各要素の定義

心身機能	身体系の生理的機能（心理的機能を含む）
身体構造	器官、肢体とその構成部分などの、身体の解剖学的部分
活動	課題や行為の個人による遂行
参加	生活・人生場面へのかかわり
環境因子	人々が生活し、人生を送っている物的・社会的・態度的環境
個人因子	個人の人生や生活の特別な背景

図　ICF の概念図（独立行政法人国立特殊教育総合研究所 HP より）

うに、課題ごとにセクションを設けて対応していくという官僚制的な対応形式だと、常にその外部に問題が発生するという、そういうニーズが出てしまうということになって、根本的に新しいケア観が定義するような問題状況に合うようなサービス体系は、これまでの延長線上ではつくれないわけです。

そうなったときに、たとえば多様性のプールがサービスの側に論理的に必要になってきます。その候補は、論理的には一つではない。たとえば宗教というものもその候補になりうるし、あるいは職場というものは、いま弱くなってしまったけれども一定の可能性は持っている。ただこの日本という社会のなかで最も普遍的に存在する資源は、とても使いにくい資源ではあるけれども、地域社会は非常に多様性を持っている。ここから、長期的に見るとそういった地域ケアシステムに向かって徐々に変化していくという展望が得られるわけです。

宮本：なるほど。エコシステム、ケアのエコロジカルなかたちが、実は社会的排除論とも重なってくるということを少し膨らませて一言お願いできますか。要するに、エコロジカルな仕組みはケアをどういうふうにとらえ直すのか。

猪飼：それでは、社会的排除論と生活モデルに関する議論がパラレルであることを貧困支援の解釈の変容から述べてみましょう。生活保護は、かつてはたとえば三浦文夫さんが「貨幣ニーズ」という概念を使って説明しようとしたことがありましたが、そこでのケア観とは、まさに困っているというのはお金がないことで、だからお金をそこに注入していくことが問題解決なのだという、単純な還元論的な原因観に近かった。生活保護、とくに日本の生活保護制度にとくに言えますが、申請者を保護の対象とすべきかどうかを選別するところに業務の焦点がくる制度です。それはお金を配ることそれ自体が生活困難の解決手段となることを前提とする制度です。いいかえると生活困難↓お金という単線的・還元論的な原因観は、医療における病気↓治療という医学モデルの原因観と構造的に同一です。

さて、ここで重要なことは、生活保護におけるケア内容が、一九七〇年代から八〇年代にかけて変容していったということです。どういうふうに変容していったのかというと、なぜその人は今の生活上の苦境に陥ったのかということを、その過程であるとかその人がいま苦境から脱出できないような構図、どういう関係性のなかでいまの苦境が固定化されているのかといったことを見ながら、そこからの脱出口を探していくというような支援法に、ある種ケアの理想を見出す方向に変化するのです。相対的剥奪論であるとか、社会的排除論は、それぞれ固有の概念的拡がりをもちながらも、大まかにはこのような貧困観の転換を言い当てようとした概念であるとみることができます。

そして、これらは明らかに生活モデルとおなじ原因観に基づく概念群であることは明白です。私の理解では、社会的排除、相対的剥奪、普遍的な福祉、生活モデルといった一連の概念は、一九七〇年代以降に、最広義の福祉領域で顕在化した、生活問題に関する原因観の転換を表現しようとしたという意味で、いわば「兄弟関係」にある概念なのです。

このようにみると、ヘルスケアの生活モデル化が、広範な社会的変化の文脈の一部に位置づけられることがわかります。この生活モデル化が、歴史的な時間のなかで広範に進展してきているものであるとするならば、そこには、一定の普遍性があると理解する必要があると言えます。地域包括ケアを構築するに際して、生活モデル化から恣意的に離れていくということが不合理であるのは、この普遍性に反するためにほかなりません。

堀田：究極的なケア目標がＱＯＬになるということ、だからこそエコシステム的な原因観が採られること、いずれもそのとおりだと思います。そのうえで、先ほどの議論ともやや重なりますが、高齢化の進展も生活モデル化の進行を後押しするもので、目的の共有がはかれるのであれば、同時多発的に様々な変化が地域包括ケアを根拠づけてきたといってもよいのではないかとも感じています。

世の中の生活モデル化というのは、実感をもって認識されているとみておられますか。

猪飼：本当に徐々にです。私の認識ではいわゆる僻地というか中山間部といった地域ほど地域包括ケアないし生活モデルの重要性は感覚的にはあまり理解されていないようにみえる。つまり、そういった地域の人たちは今日でもやはり病院が好きなのです。生活モデルは、どちらかといえばいわゆる「進歩的」な人たちから浸透しつつある概念なのです。多くの中山間部の人びとは、地域包括ケアについて本当に「それで何をしろというのか」という感じで受け止めていて、地域包括支援センターも役場のなかにかたちだけあるというようなところは今でもある。それは認識のレベルの高い低いではなくて、そういう認識だということです。

たとえば、東日本大震災後の、津波被災地を見ても、病院の再建ということを住民はすごく望んできたわけです。「必要なのは病院じゃなくて医療ではないか」という、どちらかというと地域包括ケア的な主張に対しても、根強い抵抗がみられました。でもそれは無理にそういうものを、良いものですからやってくださいというよりも、少し待ちながら進めていかなければならないことなのではないかというふうに私は思っています。というのも、私の理解する地域包括ケア化とは四半世紀から半世紀という歴史的な時間のなかで進行する変化だからです。

堀田：地域包括ケアは広く社会的な変化の文脈のなかに位置づけられる生活モデル化の結果であると強調することによって、歴史が支持するシステムの実現が促されるということでしょうか。

猪飼：一九七〇年代以降の、表面的には福祉国家の「行き詰まり」とか「曲がり角」と言われてきた現象のなかで、新たに生まれてきたもの、支援観、新しい価値観が、ある種すごく大きな潮流として社会のなかで動いているわけです。そのなかの一部としてケアシステムの変化があるというふうに見ることができれば、それこそ包括的なのです。その上で、堀田さんのご質問にお答えするならば、私が主張しているのは、このような価値観に関する広範な歴史的潮流を無視して政策を推進してしまうと、最終的には国民にとって不満足なものとなるか、軌道修正のために多大の社会的・経済的・政治的コストを支払うハメになるということです。この認識は、第一に政策的な含意を持ちますし、第二に、実践家にとっては、どちらに向かって努力すべきかを見定める際の指針としての意味を持つわけです。

堀田：私は、地域包括ケアの推進をはかる上で、改めてプライマリ・ケアの基本的な理念のひとつである「人間中心のケア」「住民を基盤とするケア」とは何かを追求すること、産業文明のなかで、あるいはケアをとりまくシステムのなかで失われてきた様々な「人間的な」要素やかかわりを再生していくことが重要ではないかと考えています。人間復興とでも言えると思います。だから新たな支援観の一部としての変化という見方に、なんとなく限界を感じるのかもしれません。

猪飼：おっしゃることは分かります。生活モデル的な支援とは何かということを考えると、とりあえずはＱＯＬを引き上げるという言い方になるのだけれど、実はこれは正確ではない。というのも、そもそもＱＯＬの重要な特性は、何がＱＯＬが高いかということが、究極的には客観的にも主観的にも分からないところにあるからです。とすると、支援は、ＱＯＬを上げるというのは、なんらかの客観的な目的のために、ケアをする側がされる側に対して何かを施すというかたちにはならないということなのです。

堀田：与える・受ける、支える・支えられるという関係性ではなく、フラットな関係で、ともにあるということだと思うのですが、変容しつつあるからこその、支援ということばへの違和感かもしれません。

猪飼：おっしゃるとおり、ＱＯＬがわからなければ、何をすれば支援したことになるかもわからない、というのは論理的帰結です。ただ、支援するという行為がまったく不可能か、というとそうでもない、というのが私の理解です。というのは、究極的には何が本人の生活にとって良いかは不明ですが、他方で私たちの日々の生活は、より良い生活を求めておこなう暫定的な選択に満ちています。その折々の暫定的な選択に関与し、暫定的な生活の改善に関与することはかなりの程度可能で、私はそれを「支援」と呼んでも差し支えないと思います。

宮本：その場合に、私は先ほど支える、支えられるという二分法を超えるという言い方でその辺りのことを表現しました。地域包括ケアのゴールとか評価を考えたときに、これまでは高齢者を「治す」とか生保受給者が「働く」とか明確な線引きをして、それをゴールとか評価にして制度を支持してきたわけです。そこを超えてしまうところがありますよね、エコロジカルなシステムには。

もし納税者がそれで、自分たちにとってハッピーな仕組みである、人間復興になるということで共通の理解ができ、それを支えていく合意ができるならば、それはよいことでしょう。しかし、高齢者支援であれ、困窮者支援であれ、コストが削減できるといって制度がプッシュされている現状を考えると、あまりに懸隔があるように思います。いま我々にそういう評価とかゴールの設定の準備があるのだろうか。何か生活モデルということでふわふわとたゆたっているような、それはそれで楽だし正しいかたちなのだと思うのだけれども、何かそこへシステムの目標みたいなものはどう設定されるのでしょう。人々に、現在の生活の因果関係のなかでよりアクティブに、より元気になってもらうというゴールや評価の設定の部分は、生活モデルのなかでどういうふうに打ち出せばよいでしょう。

猪飼：課題と資源が様々に組み合わさりうるわけですから、地域ごとに多様なケアシステムの可能性があり得ますし、さらに一つの自治体が選択しうるケアシステムの可能性も実は多様な可能性がありうるわけです。ここから、ケアシステムを選択する上で住民自治の重要性が浮上してくるのですが、同時にもう一つ重要なこととして、ある地域においてどのような具体的なケアシステムがよいかを評価する客観的な基準も存在していないということがあります。このような場合、いわゆる病院などの外部評価のような第三者評価のようなやり方、たとえばチェックシートのようなものは使えません。というのも、何が良いケアかを前提とせずに評価しなければならないからです。ではやるべきことは何かというと、これはとてもインテリジェンスが必要な作業なのだけれども、言語化だと思います。すなわち、その地域のケアで何がおこなわれているかを言い当てようとすることで、一種の抽象化作業です。それをやることでただ単に他の地域の自治体職員がこういうところではこういうことをしていますというリストがあって、そのなかからつまみ食いをするようなやり方の政策をするかわりに、もう少し前向きなエネルギーを与えていくということができるのではないかというふうに思っています。

堀田：生活モデル的な支援というのは、多様な生活ニーズに対する多様なアプローチにならざるを得ません。ＱＯＬの改善を目標にすると、全国共通の客観的な指標でアウトカムを評価するというのはそぐわないでしょう。

地域包括ケアの目標は、高齢者・利用者・患者の尊厳の保持、自立生活の支援を手がかりとした「すべての住民」が、「よりよい生活のなかでの経験」を「ともに創り出して」いけるまちづくりであると考えています。地域としての「物語」をどのように紡いでいくのか、「地域のＱＯＬ」をどう考えるのか、各地域で様々な主体が立場を超えて対話を重ね、その地域ならではの目標を地域住民みずから設定することが重要で、まさにそれが地域包括ケアシステム構築の根幹をなす規範的統合と言えます。

沼尾：いまのお話をうかがっていて、私には違和感があって、まず一つめに、地域包括ケアというのは地域のなかでは何となく受け入れられていて拒絶されてはいないのではないかという話だったのですが、私は、地域の現場でケアを提供したり受けている人たちというよりは制度をつくっている自治体から話を聞くことが多いからだと思うのですが、やはり先ほど「降ってきた」という話がありましたが、降ってきたと同時に、これをどうやって処理していこうかという感覚で、この制度の取り扱いに当惑しているというのが正直なところだと思うのです。

いまのようなかたちでＱＯＬということを確保していけるような地域・空間というものを考えるのだとすると、それを行政としてどのように住民の声を取り入れながらつくっていくかという発想で、計画なり政策なり予算はつくれるのだろうか。以前に総務省の研究会で、ＱＯＬの確保というなかなか絶対的な基準を置きにくいような施策をやるときの財源保障のあり方を議論したことがあるのですが、それは無理だという話になりました。一定の最低所得保障なり、一定の利用者に対してベッド何床という基準があれば財政措置できるけれども、なんだかよくわからないふわふわしたものに対して何か出すとすれば、それはもう人口一人あたりいくらとか面積あたりいくらという話になる。それが本当に財源保障の水準になるのかも分からない。

実際に地域ケア会議等でどれくらいケアできたかというのは、和光市などはまさに機能論です。身体的に買物ができるようになったとか、トイレにいけるようになったというのはすべて機能論で数値化をして、それで目標を立ててそこに予算をつけていく。けれども、本当にQOLということを考えるとすると、当事者も、結果的に得られてみたら良かったなと思うだけで、何が欲しいかというのは実は分からないところがある。漠としたものを得られるような、そういうゴールを達成するための政策の立案のあり方とか予算の付け方みたいなことを考えたときに、これはもう行財政のあり方自体の根本的な意識改革を考えていかないと、なかなかこの仕組みはできないでしょう。

●地域包括ケアのマネジメントとサービス提供体制

宮本：まさにそこに行きたかったので、ちょうどそこを出していただいた。要するに先ほど堀田さんがおっしゃったように、地域が皆で物語をつくっていって、そこで綴じることができるならばよいのです、地域のゴール設定として。ところが日本の行財政はなかなかそうはいっていない。ある程度補助金をもらってこなければならないということで、外に向かって物語の説得力を高めていくようなことも含めていろいろ考えていかなければならない。

そうなると、パフォーマンスなるものをどういうふうに見せていくかという厄介な話がでてくるわけです。おそらくＱＯＬ、生活モデル、あるいは二分法からの脱却から、そこにこそ地域包括ケアの醍醐味があるという合意ができた。ただ、なかなかこれをいまある地域包括ケアにそのまま置き換えられるか、オーバーライトできるかというと、現状はコストを抑制するようなところで動いている事情のような、それはそれでリアリティがあるわけでして、いまちょうどその落差が見えてきたというところです。さて、この座談会の第三コーナーということになるのですが、地域包括ケアのあるべきかたちと現実のギャップをどう埋めていくか。これを一挙に堀田さんに埋めていただくということではないのですが、社会的企業の役割みたいなものは、ひょっとしたらその落差を超えていく一つのきっかけになるかもしれないし、ガバナンス全体を、オランダはそのあたりどのように決着をつけたのかということを含めてお話しいただけますか。

堀田：日本の自治体の行財政全般について不勉強で恐縮ですが、まず、地域包括ケア研究会で議論された自治体に求められる機能について少し補足した上で、オランダの話題につらせていただきます。

地域包括ケアシステムの構築に向けては、自治体による規範的統合の推進が重要だとお話ししましたが、それにはまず実態把握や課題分析が不可欠です。沼尾さんも触れられた和光市の取り組み等から学び、日常生活圏域ニーズ調査は全数に記名でおこなうことを勧めています。松田晋哉さん等が中心になった福岡県の例が知られていますが、医療と介護の連携・統合についての現状をふまえた詳細な検討には、介護保険と医療保険のレセプト、特定健診のデータを接続した分析が有効です。

その結果に基づいて住民や関係者とともに地域における具体的な取り組みの方向性と先ほどの話題の目標設定をおこない、地域内で共有します。目標はできるだけあとで検証できる成果指標とともに定めることが望ましいとしています。規範的統合については、イングランドが認知症国家戦略のなかで進めているDementia Friendly Community（認知症のひとにやさしいまち）の実現に向けたDementia Action Allianceの取り組みがわかりやすいと思います。各地域で認知症の人と介護者が日常生活で直面している課題に耳を傾け、「認知症の人にやさしいまち」の姿を明らかにすること、つまり実現したい地域の姿を成果指標とともに明確にすることが、本人を中心とする多様な関係者の協働の基盤になっています。

施策の立案と実行にあたっては、住まい・生活支援と福祉・医療・介護・保健といった地域包括ケアシステムの五つの構成要素にわたる連動性の確保が重要で、自治体内での横断的なセクションの設置や自治体職員のローテーションの工夫等を含めた専門性確保も課題です。既存の様々な社会資源のネットワーキングを主たる手段とする地域マネジメントが求められていると言えます。沼尾さんのお話をうかがっていると、自治体行政のあり方にも変革を迫るものなのだと実感します。

さて、オランダは、Community-based careとintegrated careの二つのコンセプトを含むシステム構築を試みた数少ない国といわれています。その経験からの示唆のひとつは、「地域を基盤とする」

統合とコミュニティデザインだと思っています。長期ケアの地域における再組織化、そのための自治体機能の強化は諸外国共通の潮流とされていますが、オランダでは二〇世紀初頭から、とりわけ一九八〇年代以降、公衆衛生、住宅政策と都市・空間計画、福祉、社会生活支援と段階的に地方分権を進め、各領域のステークホルダー間の関係づくりをおこないながら政策単位の平仄を揃えてきています。とくに、社会支援法の施行（二〇〇七年）以来、自立生活と社会参画を促す「社会生活支援」を新しい地方自治体の任務として確立するとともに、住宅政策に次いで空間計画についても大幅に地方に権限を委譲して、関係団体や住民との対話に基づく「ローカルで個別仕立ての解決策」を推進していることは興味深いです。そもそも空間政策・空間戦略という発想への転換は、地域包括ケアを考えるうえで欠かせないものです。

社会支援法では、地方自治体の「実行領域」を定めていますが、実際に各領域でどのような目標を設定して取り組むかは、各自治体の責任とされています。定期的に社会生活支援に関する政策大綱を含む社会生活支援計画を策定することになっていて、ステークホルダーの関与が重視されていることもあり、ほとんどの地方自治体が患者・利用者団体、住宅、福祉、介護関係機関を政策形成や実施過程に包摂しています。

欧州諸国では、都市再開発政策のなかで、地域住民が抱える空間的・社会的・経済的な問題を棚卸して、それを包含する方策を展開する「統合的アプローチ」と呼ばれる手法が知られていますが、オランダでは市と住宅協会が重要な役割を果たします。古くから発達してきた住宅協会は、一九九〇年代に財政面での自立性を高め、国の監督のもと、住宅法の法的枠組みのなかで、定められた社会的責任を果たす社会的企業として進化を見せています。ここでもやはり「実行領域」は設定していますが、その方向性やゴール、推進方法についてはそれぞれに任されています。九〇年代後半には、新たな実行領域として「近隣・コミュニティにおけるＱＯＬの向上」という地域のＱＯＬというアイデアが追加されているのも注目すべき点です。こうした考え方は、今後の社会福祉法人や医療法人のまちづくりへの貢献に関する議論でも参考にできるのではないかと思っています。高橋紘士さんたちが構想なさっている地域善隣事業は、こうした流れとも通じるもので、「善き近隣社会」を地域の様々な資源による参画と合力によって実現しうる枠組みとして期待しています。

ただし、オランダでのAging in place（地域居住）に向けた道のりもまた、決して平坦ではありません。今もなお、大きな移行期にあるといっていいと思います。とくに一九九〇年代は暗黒の時代ともいわれます。地域に根ざしたケアが市場志向への転換で大きく変質し、合併・大規模化の失敗は多くの経営破たんを招き、在宅への誘導策をとりながら、適切な住まいとケアの提供には予算を引き締めすぎたという指摘もあります。提供者主導のケア、必要以上で細切れのストップウォッチケアへの誤ったインセンティブは利用者の不満を高め、専門職のやりがいを損ねました。

二〇〇〇年代を通じた改革の基軸のひとつは、機能重視への転換です。長期ケアにおける機能アプローチや慢性疾患ケアグループへの成果に応じた包括払いにみられるような、サービス提供主体の種別や形態、領域を問わず、機能に着目した判定や支払いは、病院や施設内の資源の地域展開や地域支援機能の強化を含め、人や組織が持つ機能提供の柔軟性を高め、統合を促すものとして参考になります。日本でも、地域における様々な機能の連携・統合を推進する方向で、サービス提供体制の整備や評価が進んでいくと考えています。

オランダで地域看護師が起業して急速に全土に拡がり、いまや世界的にintegrated careの成功事例のひとつともみなされる在宅ケア組織Buurtzorg（ビュートゾルフ財団）が生まれたのも二〇〇〇年代のことです。「患者の力を第一に、患者とそのネットワークとの協働により最良の解決策を見出す。そのために各ナースがすべてのプロセスに責任を持って専門性の高いケアを提供する」というミッションに基づいて、最大一二人のフラットな自律型チームがあらゆるタイプの患者にトータルケアを提供、地域に根ざす多彩な予防プロジェクトも展開します。患者満足度トップ、従業員満足度全産業トップを、他の在宅ケア組織よりも安いコストで実現して進化を続けています。各地の歴史的経緯や資源に即した地域看護（social community nursing）機能の充実は、統合の要としてもきわめて重要です。

宮本：一つだけまた質問なのですが、九〇年代のオランダは大変な危機にあった。お金もなくなっているし、ケアの質も低下した。そこでそういう試みが拡がって、それは制度を評価していく言語つまりメタ言語を変えたのでしょうか。つまりどうやってメタ言語は変わっていくのか。これが非常に興味があるところで、いまはまだお金の話に還元されがちですよね、とくに日本の場合は。

ただ、やはり地域が元気になるとか活力づくとか、皆が得たものがある。これはやっただけのことがあるという見方が拡がったとき、おそらくメタ言語も変わってくるのだと思うのです。オランダはそこはどういうふうに変わったのでしょうか。

堀田：ひとつは、一九九〇年代後半の長期ケア保障のための特別医療費補償法（ＡＷＢＺ）のボトルネック見極めのプロセスが重要だったのではないかと思います。制度創設後三〇年を経て、まず地域レベルで患者・利用者、ケア判定機関、ケア提供者、保険会社等が議論、さらに制度運営機関、地方自治体・州・国の関係者で対話が重ねられました。ここで課題と改革の方向性が共有されたことで、ＡＷＢＺの基本方針は維持しつつ、提供者主導から再び患者中心・住民本位のケアに向けて関係者の責任と権限の整理がおこなわれました。

二〇〇〇年代後半以降、専門職・事業者の裁量を高め、規制緩和や事務の簡素化を推進、質と成果に基づく評価に向けた移行を図ってきていることも重要です。これにはビュートゾルフの躍進も大きな影響を及ぼしています。患者や家族、そして専門職からも支持される質の高いケアをより安く実現していることを「見える化」することによって、プロダクションからソリューションへと価値を転換させてきつつあるわけです。

宮本：しかしおそらくそれは効率性という既存の言語のなかで立証したようであって、同時に新しい変化がつくりだされたという実感をおそらく堀田さんはお持ちであるわけですよね。

堀田：そうですね。ビュートゾルフの創業者で地域看護師のヨス・デ・ブロックさんは、ビュートゾルフの根底には「自分の人生のなかで起きるいろいろなことについて、自分で判断して決定できれば、自分の人生に自ら影響を与えられるし、より幸せな人生を送ることができる」という信念があるといいます。

地域看護師が専門職に対する信頼に基づいて、それが発揮される組織とビジネスモデルをつくったことで、ビュートゾルフのチームのみならず患者・家族・地域住民・他の専門職も、フラットな「チーム」として、自分の、互いの、地域の様々なハピネスを実現しているように感じられるのです。患者を中心とする、立場や職種を超えた「同じまちに暮らす住民」同士の重層的かつゆるやかな関係性が、住民一人ひとりの人間としての可能性を引き出しあっているということもできるでしょう。そして、月々一〇〇人以上のナースがこれに共感してビュートゾルフで働きたいとやってきています。

機能アプローチへの転換を経て、それを統合するモデルとしてももちろん参考にできますが、いわば人間復興が、担い手やコストの面でも持続可能性を高めることにつながっているということは、ケアの領域を超えて示唆深いと考えています。

宮本：いかがでしょうか、今堀田さんから出されたオランダの経験は、沼尾さんにとって、日本の行政の状況を変えられるよすがになるでしょうか。あるいは猪飼さんにとって生活モデルを導入していくきっかけにできるでしょうか。

猪飼：ビュートゾルフの試みについて、これは本質的に効果のある方法だと思ったのは、チームが目標の共同体であるところです。タスクは決まっていない、チームのなかでは。その都度チームが何を目指すというのがあって、それに合わせてタスクというものを流動的に分担していく。これはNPOなどの組織マネジメントに近いやり方だと思うのですが、そうすると多様性というものに対して柔軟に対応できるわけです。このタイプのケア、対応の仕方を、従来行政は大変苦手にしてきました。ただ、ビュートゾルフのような柔軟な組織に行政がいかに近づけるかという問題が、地域包括ケアで問われる中核的な問題の一つになると思います。というのも、もし人によってゴールが違うということを認めることができず、住民に等し並にサービスを提供することしかできないというのであれば、行政は、住民の健康だとか幸せというものを保障するという目標を、事実上放棄することになってしまうからです。これは行政が担保しようとしてきた「公平性」が、QOLを目指す政策においては、逆機能的に作用してしまう状況なのだと思います。

堀田：多様性に対する柔軟な対応は、信頼に基づく関係性に支えられていますが、これには徹底したアカウンタビリティが欠かせません。アウトカム、生産性、コストに対する説明責任を果たすことで裁量を獲得してきているわけです。「見える化」に向けた様々なレベルの取り組みや議論が進んできていますが、ケア領域におけるアカウンタビリティの向上は、継続的な質と効率の改善のためにもきわめて大きな課題と言えます。

それから、これからの行政のあり方を考える上では、最初の沼尾さんの問題提起にもありましたが、プラットフォーム機能の追求も欠かせないと思います。

宮本：プラットフォーム機能について読者のために少し敷衍していただけますか。

堀田：理念や目的を共有する主体が出会い、ナレッジを共有しあう場、昔の「市」のような機能とも言えるかもしれません。オランダはあらゆる議論やプロジェクトが地域発・当事者発のボトムアップで始まり、内容によって地方自治体・州・国等のレベルで設けられるプラットフォームがナレッジマネジメントの場として機能し、成功・失敗事例を共有、必要に応じてモデルやガイドラインを策定することでイノベーションを効率化してきています。

とはいえ、オランダでの研究を終えて帰国した直後に、このプラットフォームについてあちこちでお話ししたところ、多くの方々に「日本ではプラットフォームはうまくいかない」というご指摘をいただきました。ビジョンを共有する主体が、地域のなかで、地域を超えて日常的に学びあえるプラットフォームのあり方についても、これから検討の余地が大きいと思いますし、いくつか試みたいと考えています。

沼尾：そういう意味でいうと、オランダではすごく地域でも国レベルでも政策を実験的にやりますよね。その成果を評価して次にどうするかということを絶えず練りながらやっていくし、それを国民ないし住民がちゃんと見ていて、次の選挙で投票する際の判断材料にしていくとか、あるいはその施策を含めて税負担の規模なり水準を考えていく風土があるなと感じるのです。

ところが、日本の場合はある意味でお任せ民主主義なところは昔から言われている通りであって、介護にしても地域包括ケアシステムは国で策定して、自治体に降りてきて、それに対して文句は言うのだけれども、どういうふうに地域でケアの仕組みをつくるのか、物語をつくるのかというところを考えていきましょうという場に、なかなか主体的に参加するということにはなりにくい。そこでどういうふうにプラットフォームに一緒にいて感じたり考えたりする当事者に——いつのまにか巻き込まれているということでもよいのですが、なれるのかということがすごく大事なのだろうと思うのです。

ただ、最近の地域の状況を見ると、いまは二〇四〇年に地方が消滅するとか人口の東京一極集中の問題ということが言われ、各地で悲観論が渦巻いていますし、オランダと決定的に違うなと感じるのは、オランダでは多様で柔軟に働き方を選択できる仕組みになっていて、片方で稼得機会を得て働きつつ、もう一方でボランティアもしながら、地域における様々なケアにどうかかわるかということを自分で主体的に選択できる。暮らし方や働き方、生き方に幅があって柔軟に決められる環境が整っていると思うのです。

いまの日本の雇用政策は、とにかく社会参加ということは言うのだけれども、フルタイムで働いて稼得を上げてGDPを上げましょうという方向。女性の社会進出ということは言うのだけれども、そのことが本当にQOLを良くしていこうとか、地域のなかでプラットフォームをつくっていこうというふうになかなかいかないところにもどかしさがある。そこをどういうふうにしていけばその場はもっと成熟していくのか、すごく悩ましい。

猪飼：私の考えですが、それは言ってみれば地方自治そのものの問題であって、これはなかなか日本で強化することが難しいと言われてきた問題だと思うのです。ただ逆に言えば、ヘルスケアを使うことで、地域自治というか、地方自治というものを育てていくということに使える。だから、いまではそうなっていない部分も大きいけれど、たとえば財布をできる限り基礎自治体レベルに下ろして、このカネでやれというふうにすれば、それは従来巻き込まれないで、勝手にやってくれと言っていた人たちが皆意見を言うようになるでしょう。

堀田：日本では、介護保険制度の導入が、まさに大きなソーシャル・イノベーションのきっかけとなり、制度的なイノベーションがケア・サービスイノベーションにつながり、社会や地域に大きなインパクトを与えてきたとの評価もあります。いまは「降ってきた」と思われているとしても、地域包括ケアシステムの構築に向けたプロセスが、より社会システム全般にわたる民主的なイノベーションが「生えてくる」転換期にもなることを願っています。

猪飼：そういうようなことで、コストを内部化していくようなアプローチで、このお金を大切に使わないと自分の生活に大変なことが起きてしまうという状況をちゃんとつくる。なんだかんだ言いながら、やはり霞ヶ関の人々は、俺たちがやってやるんだというところがずっとあるのですが、それでも彼らも、全部自分たちの計画によってコントロールすることができないということは分かってきてもいるわけです。だとすれば、ある意味勇気を持って、結果的にひどいことが起きてしまう地域が少なくとも一時的には出てきてしまうとしても、ひとまず下ろしていって、あとはラマルク的な進化論じゃないけれども、そうやってある種システムが、ドミナントなものができていくようなプロセス等を経る必要があるように思います。
ただし、現在の基礎自治体では、具体的にどんなシステムをつくりましょうかというときに、それを設計できる人材が圧倒的に足りないという問題はなんとかしなければいけない。日本には一、七〇〇超の基礎自治体がありますが、多分そういう人材を内側に持っているところは半分もないのではないかと思います。そうすると、そこに人材を打ち込んでいく政策とセットでなければ、多分それはやれと言われただけの苦しみになる。私はそういうところに、フルパワーでいろいろなところに顔を出して行動できるタイプの人たちが総合診療医みたいなグループのなかから出てくることを期待しています。一、〇〇〇人くらいでもよいでしょう。この程度であれば十分実現性があるように思います。もちろん公衆衛生医の中にそのような実力をもつ方があれば、既存のシステムを流用できますので、その地域については公衆衛生医を軸としてもかまわないと思います。

宮本：ありがとうございました。第三コーナーの議論をまとめますと、オランダでは社会的企業が中心になって地域の信頼を再構築していった。もうちょっと行政官も納得するような表現をつければ、納得感みたいなもの、それが地域に拡がっていってメタ言語を転換した。そこに加えて、先ほど猪飼さんがおっしゃった、そういう土壌に財政的な分権を徹底することで、地域皆が責任を背負い込む。そういう土壌が確保できると、少し展望が見えてくる。ただそれにしても沼尾さんが最後につぶやかれたように、二〇四〇年問題というか、地方自治体の存続そのものが問われていく時代にあって、どう地域包括ケアをなるべく多く日本の国土の上に確保していくのかというのは依然として難しい課題なのだと思うのです。沼尾さん、行政と市民がまずどこから取り組んでいくべきか、課題をまとめていただくとどうなるでしょう。

沼尾：国や自治体の方々と話をするなかで、悲観的になることも多いのですが、行政のなかには、これまで担ってきた計画策定型の役割に留まらず、新たな合意形成の仕組みを構築し、地域で解を模索するための取り組みも生まれつつあると感じています。たとえば、高知県では地域支援企画員制度を導入しています。これは県職員を市町村役場に派遣するのではなく、県内のある地域の担当職員として、フリーハンドで地域に送り出す制度です。特定の計画や政策目標を実現することがあらかじめ役割として与えられているわけではないので、職員は地域のなかに入って、個々の課題に耳を傾け、必要な情報を提供したり、組織や人をつなげる役割を果たすことができます。一人の県職員として、地域に寄り添うことが業務となっていて、組織の縦割りを超えて、トータルに地域の課題を考えることができる立場です。地域支援企画員の機動的で柔軟な動きによって、集落のつながりを維持する仕組みを強固にした地区もでています。何より県がこうした職員の人件費を確保したことは画期的です。

また、自治体職員の研修プログラムも少しずつ変わり始めています。最近では、法律や制度について解説するプログラムだけでなく、ファシリテーション研修など、ゴールが見えないなかで、地域で答えを模索するための手法を学ぶ機会が増え始めていると感じます。地域の課題に対して、行政として全体を見渡して計画を立てるだけでは、住民はついてきてくれない、と感じている職員の方々も多く、多様な意見や立場の団体や個人が集まって、地域課題に対する合意を作るにはどうすればいいのか。こうした課題を持って研修に来られる方々が増えはじめています。多様な立場の人たちの声に耳を傾け、話し合いを通じて、答えを考えていく。フラットな関係を前提とした話し合いの場を生むことの大切さが伝わるような職員研修プログラムも実施されています。

行政は、住民ニーズ調査等にもとづく計画策定や、財政見通しは出せますが、それだけではもう持たなくなっている。では、これから地域に求められるケアの仕組みをどう創るか。参加者の意識が変わるのかどうかということを含めて、課題は山積しています。ですが、住民とともにそれを考え、地域にとっての解答を見出そうとする動きも見られるようになりました。

これからも人々が行政に対して、今後も画一的で「公平」なサービス提供を求めるならば、行政が計画的に担う領域と、地域住民やＮＰＯなどの社会団体が柔軟に担う領域とを区分し、両者が連携をとる仕組みを模索していくことも必要だと思います。ただし、行政には、画一のルールを策定することよりも、一定のガイドラインを出すことや、仕組みづくりのヒントとなる情報を提供し、地域の様々な担い手と共通の言語で語ることのできる場を用意することが求められるのかもしれません。そのときには、予算制度や事業評価の在り方も、変わらざるをえない。アウトカムを設定し、その達成に向けた中長期プランを策定するとともに、柔軟にプランを見直すことも求められるでしょう。また、決算統制がこれまで以上に重要になると思います。

市民の側の主体的な参加も大切です。老後の安心を確保したいという気持ちから、広すぎる自宅をグループホームやケアハウスなどとして開放するなど、まず自分でできることから始めようという活動も各地で見られるようになりました。様々な活動をおこなう人々の参加を可能とし、そのパフォーマンスの改善に向けたチェックがおこなえる仕組みが必要です。

多様な立場の人々が、多様なかたちでケアの仕組みにかかわろうとするとき、それぞれがフラットな立場で話をして、柔軟に解決策を協議できるような場をつくる。そうした地道な取り組みを地域で積み上げていくことが必要なのかもしれません。

宮本：ありがとうございました。おかげさまできらきらした地域包括ケアの神話をだいぶ脱却しつつ、地域包括ケアの本来の可能性を提示できたと思います。

あとがき

本書は、一般社団法人生活経済政策研究所が、二〇〇九年一一月一八日から開始したプロジェクト「新しい社会システム研究会」（辻山幸宣主査）に集まったメンバーが、蓄積してきた研究の成果をもとに新たに書き下ろしたものである。さらに、主題について積極的な発言を続けている論者を迎えての座談会を付した。

このプロジェクトの立ち上げの文書には、次のように研究会の趣旨が記されている。すなわち、「日本は、少子高齢化と市町村合併や地方財政危機などによる地域間格差が拡がる中で、人口は都市に集中し、多くの自治体ではすでに過疎化による人口減少に直面している。一方で、国や地方自治体は、いまだにこれまでの経済成長や人口増加を前提としたシステムに依存し、直面する人口減少社会に対して有効な手立てを見いだしていない」というものである

こうした認識のもと、持続可能な地域を構築する方途を探るこの研究会では「定住自立圏構想」「農山村再生」「自治体合併」「高齢者の就労自立」など実に多様な切り口から、日本の地域社会が直面する問題を掘り下げてきた。研究成果をまとめようとした頃合いに東日本大震災が起きて、議論をどのように仕切り直したらよいか、その衝撃に立ち尽くしたこともあった。

しかし、その後も粘り強く議論を続けて、このようなかたちで成果をまとめることができた。

小林隆氏（東海大学）、山崎重孝氏（総務省）、藤井宏一氏（厚生労働省）、井手英策氏（慶応義塾大学）、小田切徳美氏（明治大学）をはじめとして、研究会にご協力いただいた多くの研究者や中央・地方の行政関係者の皆さんに深く感謝をしたい。また辻山幸宣氏（地方自治総合研究所）には研究会をやわらかにまとめていただき、メンバー間の豊かな議論が可能になった。

あしかけ六年にわたる議論であったが、私たちが取り組んできた持続可能な地域社会という主題は、その後切実さと緊急性をいっそう高めていった。とくに、二〇一四年の春に日本創成会議が提出したレポートが二〇四〇年までに約半数の自治体が消滅可能性を高めるという予測を出すと、政府が「ひと・まち・しごと創生本部」を立ち上げるなど、国家的な危機であるという見方が広がった。

いかに地方の持続可能性を維持するかについては、メンバー間で議論を重ねるなかで、地方の高齢化への対処を新しいシステム形成への出発点とする、という方向性が共有されていった。地域包括ケアをキーワードとした本書はこうしてまとまった。そしてこの点でも、二〇一五年度の春から介護保険改革がおこなわれ、新しい総合事業が自治体のイニシアティブで開始されるなど、本書の議論は現実の政策展開と重なりつつある。地域包括ケアを生活困窮者支援などと重ねて「包括化」していくという考え方も、同じく二〇一五年から生活困窮者自立支援法が市町村で開始されるという時宜と符合する。

苦労を重ねた研究会ではあったが、そのような意味で、研究会の成果を問う上で格好のタイミングで本書が公刊されることになった。逆に言えば、本書における問題提起の中身が、それだけ現実の展開によって試されることになり、その点では厳しい巡り合わせであるかもしれない。本書の議論が持続可能な地域づくりにかかわっている皆さんに少しでも役立つことを願ってやまない。

最後になるが、出版まで辛抱づよく伴走いただいた明石書店・編集部の手嶋幸一氏、編集実務をご担当いただいた清水聰氏にお礼申し上げたい。

二〇一四年一〇月　宮本太郎

大門正彦（だいもん　まさひこ）【第六章】一般社団法人生活経済政策研究所専務理事・上席研究員
中央大学文学部哲学科卒。北海道庁入庁。自治労北海道本部中央執行委員、自治労本部政治政策局長を経て現職。

猪飼周平（いかい　しゅうへい）【座談会】一橋大学大学院社会学研究科教授
1971 年京都生。東京大学経済学部卒。東京大学大学院経済学研究科修了（経済学博士）。佐賀大学経済学部専任講師、助教授を経て 2007 年より一橋大学大学院社会学研究科准教授、2013 年より現職。専門はヘルスケア政策・社会政策・比較医療史。甲府市在住。

堀田聰子（ほった　さとこ）【座談会】労働政策研究・研修機構　研究員
東京大学社会科学研究所特任准教授、ユトレヒト大学客員教授兼社会文化計画局研究員を経て現職。
専門はケア人材政策・人的資源管理。

【執筆者・座談会参加者略歴】（掲載順）

宮本太郎（みやもと　たろう）【序・第一章・座談会・あとがき】
「編著者紹介」参照

今井　照（いまい　あきら）【第二章】福島大学行政政策学類教授
専門は地方行政。東京大学文学部社会学専攻課程卒業後、東京都教育委員会（学校事務）、東京都大田区役所（企画部、産業経済部、地域振興部等）に勤務、1999年から福島大学教授。

井上信宏（いのうえ　のぶひろ）【第三章】信州大学経済学部教授
東京大学大学院経済学研究科博士課程修了。信州大学経済学部講師、准教授を経て現職。
専門は、社会政策、社会福祉、生活問題。

沼尾波子（ぬまお　なみこ）【第四章・座談会】日本大学経済学部教授
慶應義塾大学大学院経済学研究科博士後期課程修了。
専門は、財政学、地方財政論、地域コミュニティ論。

伊関友伸（いせき　ともとし）【第五章】城西大学経営学部教授
東京都立大学法学部法律学科卒。東京大学大学院法学政治学研究科修士課程修了。1987年埼玉県入庁。2004年城西大学経営学部マネジメント総合学科助教授を経て現職。
専門は、行政学、保健医療福祉のマネジメント。

【編著者紹介】

宮本太郎（みやもと　たろう）
中央大学法学部教授
立命館大学政策科学部教授、北海道大学大学院法学研究科附属高等法政教育研究センター長、日本比較政治学会副会長、内閣府参与等を歴任。専攻は比較政治、福祉政策論。

地域包括ケアと生活保障の再編
新しい「支え合い」システムを創る

2014年11月20日　初版第1刷発行

編著者　宮本太郎
発行者　石井昭男
発行所　株式会社　明石書店
〒101-0021　東京都千代田区外神田6-9-5
電話　03（5818）1171
FAX　03（5818）1174
振替　00100-7-24505
http://www.akashi.co.jp

装丁　明石書店デザイン室
印刷／製本　モリモト印刷株式会社

（定価はカバーに表示してあります）　ISBN978-4-7503-4100-2

貧困研究

【年2回刊行】

『貧困研究』編集委員会［編集］

A5判／並製／本体価格 各1800円＋税

日本における貧困研究の深化・発展、国内外の研究者の交流、そして貧困問題を様々な人々に認識してもらうことを目的として2007年12月に発足した貧困研究会を母体に発刊された、日本初の貧困研究専門誌。

編集長　布川日佐史
編集委員　福原宏幸　松本伊智朗　湯澤直美　村上英吾　山田篤裕

Vol.1　特集　貧困研究の課題

Vol.2　特集　流動社会における新しい貧困のかたち——貧困研究会第1回研究大会共通論題より

Vol.3　特集　現代日本における貧困の特質をどうとらえるか

Vol.4　特集1　日韓における地域の社会的包摂システムの模索——貧困研究会第2回研究大会共通論題より
特集2　貧困測定の研究

Vol.5　特集1　日本の貧困は「地方」にどう立ち現れているか
特集2　貧困測定の研究2

Vol.6　特集1　子どもの貧困と対抗戦略——研究・市民活動・政策形成
特集2　貧困測定の研究

Vol.7　特集1　生活保護制度改革に向けて——世界の社会扶助制度に学ぶもの
特集2　貧困測定の研究4

Vol.8　特集1　震災と貧困——貧困研究会第4回研究大会共通論題より
特集2　アメリカの格差反対運動とその背景

Vol.9　特集　大阪の貧困——その実態とさまざまな取り組み

Vol.10　特集1　先進7ヶ国における社会扶助の給付水準の決定および改定方式
特集2　地域で支える生活困窮者の自立支援と社会的包摂——貧困研究会第5回研究大会共通論題より

Vol.11　特集　子どもの貧困と教育の課題

Vol.12　特集1　貧困政策を検証する——生活困窮者自立支援と子どもの貧困対策に焦点をあてて
特集2　家族・私的扶養・社会保障

Vol.13　特集1　貧困研究のフロンティア
特集2　大都市の住まいの実態を調査する

——以下、続刊

〈価格は本体価格です〉